Jakob Christoph Heer

Die zürcherische Dialektdichtung

Ein Literaturbild

Jakob Christoph Heer

Die zürcherische Dialektdichtung
Ein Literaturbild

ISBN/EAN: 9783743666177

Hergestellt in Europa, USA, Kanada, Australien, Japan

Cover: Foto ©ninafisch / pixelio.de

Weitere Bücher finden Sie auf **www.hansebooks.com**

Die

zürcherische Dialektdichtung.

Ein Literaturbild

von

J. C. Beer.

Zürich.
Verlag von J. C. Beer, Konradstraße 54.
1889.

Druck von Fritschi-Zinggeler, Außersihl.

Vorwort.

Obgleich es sonst Sitte ist, daß sich der Schriftsteller blos mittelbar durch einen Verleger an die Leser wendet, so mag es dennoch der Charakter der vorliegenden Schrift entschuldigen, daß sie, in erster Linie für die heimatlichen Kreise bestimmt, dem weitläufigen Apparat des Buchhandels, der sie unnötig verteuert hätte, entzogen bleibt und im Selbstverlag erscheint. Vielleicht, daß meine frühern Veröffentlichungen: „Der Bachtel" und die „Serien an der Adria", ihr da und dort den Weg geebnet haben.

Ich habe mich redlich bemüht, das weitzerstreute Material zu sammeln und zu sichten, und danke hier allen denen, welche mir dabei hülfreiche Hand geliehen haben, herzlich; doch erhebt die Arbeit nur den Anspruch relativer Vollständigkeit und taxirt sich nur als einen Versuch.

In den aufgenommenen Proben habe ich mich, da eine Rechtschreiberegel für die Mundart nicht besteht und wohl auch nicht gegeben werden kann, an die Orthographie der benutzten Quellen gehalten, daher die verschiedene Schreibung des gleichen Wortes in verschiedenen Citaten; für den Text habe ich die Orthographie, wie sie für die zürcherischen Schulen vorgeschrieben ist, acceptirt.

Es mag gegenwärtig, wo der Strom schriftdeutscher Tagesliteratur so breit in unsere Gaue flutet, eine gewisse Berechtigung haben, an die mundartliche Literatur als eine Quelle nationalen Lebens zu erinnern und den Umfang und den Wert derselben festzustellen, und wenn ich weniger im Sinn eines Kritikers, der an seinem Stoff möglichst viele Mängel sucht, als mit dem warmen Herzen eines Mannes, der die zürcherische Mundart liebt, an meine Arbeit herangetreten bin, so werden es die meisten Leser billigen.

J. C. Heer.

Mundart und Poesie.

Die alemannische Volksfprache ist ein Kind der grauen Vorzeit; die Kronen des germanischen Urwalds und die Waffen eines rauhen, heidnischen Kämpfergeschlechts haben über ihre Jugend dahingerauscht. Was Wunder, wenn dieses Kind selber herb und derb geworden ist, wie die heimatliche Scholle, herb und derb wie das Volk der Alemannen. Es lebt in ihm eine Wucht, die uns anmutet, wie ein durch die Jahrhunderte herabhallendes Echo des Nibelungenstreits, eine knorrige Urwüchsigkeit, welche es für die Kunst des abstrakten Denkens ungelenk macht, eine natürliche Keuschheit, welche instinktiv dem Unwahren, Gemachten im Menschenwesen außer Wege geht; aber mit all' seiner Rauheit verbindet es die Treuherzigkeit eines Naturkindes, das für jede Erscheinung des unverbildeten Lebens, für alle Dinge in Feld und Wald ein scharfbeobachtendes Auge, ein lauschendes Ohr und einen charakteristischen Namen hat, die Gegenstände dieser seiner Welt mit gemütsinniger Liebe mit einander verknüpft und ein Wort des Mutterwitzes, ein herbinniges Lächeln für alle hat.

Was unser Volk bei seiner Arbeit, in Lust und Leid, im Haus und unter dem freien Himmelszelt denkt und fühlt, das drückt es in seiner Mundart aus; in ihr kost die Mutter mit dem Kind und erfaßt das Kind die Erscheinungswelt, so daß die Mundart uns Schweizern die Muttersprache im engern Sinn des Wortes ist.

Allein so wahr und treu, so kräftig und malerisch, so witzig und gemütsreich unsere Schweizer Mundart ist, so hat sie doch wegen der Härte und Dumpfheit ihrer Laute, wegen der Kunstlosigkeit und Einfachheit ihres Satzbaues lange Zeit außerhalb ihres Volkstums wenig Freunde besessen und als ein originales Wesen, wie sie ist, den Kampf um ihre Existenz härter gekämpft als andere biegsame, schmiegsame Volkssprachen, welche durch einschmeichelnden Wohllaut und milde Formen bestrickten.

Es scheint, daß sich das Alemannische immer nur durch mündliche Ueberlieferung von Geschlecht zu Geschlecht vererbt hat, bis es in beständigem Fluß diejenigen Formen erlangte, in welchen es uns jetzt als Volkssprache dient. Schon die Schweizerchronisten vor dem sechszehnten Jahrhundert, wo sich das Kanzleideutsch des Kaisers Maximilian und seiner Schreiber zur deutschen Schriftsprache auszubilden begann und durch die Luther'sche Bibelübersetzung zur allgemeinen Geltung kam, bedienten sich in ihren Aufzeichnungen einer zwar mit den Ausdrücken der lebendigen Volksmundart versetzten, aber doch von dieser abweichenden Büchersprache. So war die Mundart von jeher ein von den Gebildeten zum Bauer auf das Feld, zum Köhler im Wald, zu den Söldnern im Lager und zu den Handwerkern in den Werkstätten verstoßenes, armes Kind, ja selbst als die Schriftsprache bereits jene kritische Zeit hinter sich hatte, da die Epheuwurzeln der mit dem dreißigjährigen Krieg einbringenden Gallicismen ihr festes Gefüge zu sprengen drohten, blieb sie immer noch ein Aschenbrödel, dem die Gelehrten Rippenstöße versetzten, so oft sich dazu die Gelegenheit bot.

In seltsamer Verkennung der geschichtlichen Sprachentwicklung hielten noch die Gebildeten des siebenzehnten und achtzehnten Jahrhunderts die Mundart für ein verdorbenes Schriftdeutsch und spotteten insbesondere der Schweizer, als

eines im Bauernwerk und im Umgang mit dem Vieh sprach=
lich tief gesunkenen Volks, sogar noch Joh. von Müller, der
„schweizerische Herodot", nennt unser Heimatidiom ein „ab=
scheuliches Patois", das man so bald als möglich aus der
Schule hinauswerfen müsse.

Erst als in der zweiten Hälfte des vorigen Jahrhunderts
sich unter dem Einflusse der Aufklärungsliteratur ein frischer
Zug nach Natur und Natürlichkeit der Gelehrten bemächtigte,
als sie überrascht den Liedern des Bauers horchten, der hinter
dem Pfluge sang, des Jägers, der seine Liebeslust und sein
Liebesleid in die Wälder jubelte und klagte, des Handwerks=
burschen, der die Freude des Wanderns pries, und die
selbduftigen, waldwürzigen Liederblüten des Volkes mit ihren
eigenen Papierblumen verglichen, als Herder und Göthe auf
das Volkslied als eine Leuchte der Poesie hinwiesen, brach
auch für die Mundart, die langverachtete, eine Zeit der Wert=
schätzung an.

Nachdem schon der arme schlesische Schulmeister S i m o n
D a ch (1605—1659) sein herzinniges Liebeslied: „Ä n n ch e n
v o n T h a r a u"

„Anke von Tharaw ös, de mi geföllt,
Se ös min Leewen, min Goet on min Gölt.
Anke von Tharaw hefft weider er Hart
Bi mi geröchtet än Löw on än Schmart.
Anke von Tharaw, min Richdom, min Goet,
Du mine Seele, min Fleesch on min Bloet"

in niederdeutscher Mundart gedichtet, der Klempnermeister
G r ü b e l in Nürnberg (1736—1809) sein gemütliches

„A Meister hat en G'selle g'habt,
Der hat gar langsam g'feilt;
Doch wenn's zum Essen gangen ist,
Da hat er grusam g'eilt."

im Dialekte seiner Vaterstadt verfaßt, auch Voß (1751—1826)

sich mit zwei plattdeutschen Idyllen, „De Winterawend" und „De Geldkapers", in der Mundart versucht hatte, wand die Kritik unserer Klassiker unvergängliche Lorbeeren um das Haupt Joh. Peter Hebels (1760 – 1826), durch dessen alemannische Lieder die mundartliche Poesie in die deutsche Literatur eingeführt worden ist.

Dieser gemütvolle Sohn des badischen Wiesentals hat mit dem heimwehmütigen Blick eines in die Stadt verpflanzten Landbewohners dem herben Alemannenkind tief hinein in die Augen und ins Herz gesehen und darin all' die Treuherzigkeit, die Geradheit, die Tüchtigkeit, die Gemütsinnigkeit und den Humor entdeckt, welche die Vorzüge seines eigenen alemannischen Wesens waren und ist kraft seiner poetischen Begabung der berufene Dollmetsch des Naturwahren, Seelenvollen, Rechtschaffenen geworden, das so tief im Charakter unserer Mundart liegt.

Hebel veröffentlichte seine „Alemannischen Gedichte für Freunde ländlicher Natur und Sitte" im Jahr 1803. Wie reine, goldene Klänge läuteten sie über das Land und fanden überall ein Echo warmer Teilnahme. Göthe preist Hebels Fähigkeit zu personifizieren, seine naive anmutige Kunst, die Naturgegenstände zu Landleuten zu verwandeln, seine Laune und Geschicklichkeit und Jean Paul, in dessen Gemüt Saiten bebten, die denjenigen Hebels verwandt waren, sagt schön und sinnig: „Unser alemannische Dichter hat für alles Leben und Sein die offenen Arme der Liebe und jeder Stern und jede Blume wird ihm ein Mensch".

Seither ist die Kritik nie müde geworden, neue Reiser zu den alten Lorbeeren zu stecken; Hebels Gedichte steigen immer noch im Ansehen, denn sie sind Poesie durch und durch, ihr Grundton ist die ächt menschliche Liebe zu den Menschen und zur Natur.

Hebel hat die Mundart, die lang verachtete, geadelt.

Nachdem sie sich Jahrhunderte nur im Munb der Ungebildeten fortgeerbt, ist sie durch ihn buchfähig und ein lieber Gast auch im gebildeten Haus geworden.

Mit dem Anteil, welchen die Gebildeten an ihrer Poesie im Anfang dieses Jahrhunderts zu nehmen begannen, erwachte namentlich unter dem Einfluß Jakob Grimms, des Begründers und Meisters der Germanistik, auch das wissenschaftliche Interesse für das Alemannische, in welchem einige Enthusiasten sogar die „süße, freudeatmende Sprache der Minnesänger", das Mittelhochdeutsch, das zur Zeit der Hohenstaufen eine so herrliche Blüte der deutschen Literatur heraufgeführt, wieder erkennen wollten, und die ersten Geister der Zeit ließen es sich angelegen sein, die Beziehungen der Mundart zur Schriftsprache und zum Volkscharakter aufzuhellen.

Alte Vorurteile richtig stellend, constatierten sie, daß die Dialekte nicht durch eine Verderbnis der Schriftsprache, sondern daß diese durch eine Mengung, durch eine Zusammenwürfelung der Mundarten entstanden ist, daß sie mit ihrer entschiedenen Neigung, „sich immer mehr zu vergeistigen, lautlich und begrifflich zu verflüchtigen, fort und fort das Bedürfnis hat, gespeist und getränkt zu werden von den lebendigen Volksdialekten", und diese „die unentbehrlichen und unversieglichen Quellbäche" *) der Schriftsprache sind.

Seit man diese Bedeutung der Mundart, in der ein beständiges Aufblühen und Abwelken, Keimen und Ersterben von Formen und Ausbrücken neben einander stattfindet, erkannt hat, ist sie ein Lieblingsfeld für die Arbeit der Sprachforscher geworden. Sie haben es sich zur Aufgabe gemacht, von den zerbröckelnden Sprachdenkmälern aus der Zeit unserer Vorväter so viel als möglich in die unsere hinüberzuretten und in mundartlichen Wörterbüchern diejenigen Bestandteile

---

*) Prof. Otto Sutermeister.

der Volkssprache, welche zu einer gewissen Zeit derselben angehörten, durch den Druck festzuhalten.

Ein großes Verdienst als erster Forscher und Sammler auf dem Felde der schweizerischen Mundarten hat sich Franz Joseph Stalder, geboren 1757 zu Luzern, 1785 Pfarrer zu Romoos im Entlibuch, 1792 zu Escholzmatt, gestorben 1833 als Chorherr des Stiftes Beromünster, erworben, indem er mit einem über die ganze Schweiz verteilten Stab von Mitarbeitern im Jahr 1812 in zwei Bänden den: „Versuch eines schweizerischen Idiotikons", ein für die damalige Zeit bewundrungswürdiges Werk und im Jahr 1819: „Die Landessprachen der Schweiz", eine Dialektologie, herausgab, welche das Gleichniß vom verlornen Sohn in allen Schweizermundarten enthält.

Mehr aber als seine treue Pionierarbeit wurde von den Sprachforschern der Sammeleifer Rochholz'ens, geboren 1809 zu Ansbach, seit den Dreißiger-Jahren Professor an der Kantonsschule und Konservator der kantonalen Altertumssammlung zu Aarau, gewürdigt, der sich als Herausgeber des: „Alemannischen Kinderlieds und Kinderspiels" ꝛc. als Germanist einen bedeutenden Namen gemacht.

Der Arzt und berühmte Palästinareisende Titus Tobler, geboren 1806 zu Stein, gestorben 1877 in Appenzell, trat im Jahr 1837 mit seinem: „Appenzellischen Sprachschatz" in die Fußstapfen Stalders ein.

Als verdienter Sammler volkssprachlicher Literatur hat sich Professor Otto Sutermeister mit der Herausgabe seiner: „Schweizerischen Sprüchwörter der Gegenwart" und seines noch im Erscheinen begriffenen „Schwyzerbütsch", einer Auslese mundartlicher Hervorbringungen aus allen Kantonen, bewährt, während unter der Redaktion von Dr. Fr. Staub, Dr. L. Tobler, Dr. R. Schoch und Dr. H. Bruppacher ein „Schweizerisches Idio-

tikon" von großartiger Anlage entsteht, das nach seiner
Vollendung ein Werk von nationaler Bedeutung für Jahrhunderte sein wird.

Viel anregender noch als auf das Gebiet der mundartlichen Sprachforschung ging indes der Morgentau der Hebel-
schen Dichtung auf die mundartliche Poesie selber nieder und
mit der Herausgabe seiner „Wälderbüebli", wie er scherzweise
seine Gedichte zu nennen liebte, hat der gute Professor in
Karlsruhe mehr „ähnlich gestimmte Harfen" geweckt, als er
wohl in kühnsten Träumen je geahnt. In ganz Allemannien,
vom Alpenhochgebirg bis nach Rheinschwaben, von der deutschen
Sprachgrenze im Elsaß bis an den Bodensee und besonders
auch in der Schweiz sind in den neun Jahrzehnten mundartlicher Poesieentwickelung so viele Dialektdichter erstanden,
daß zu Zeiten durch die Menge unberufener „Volksdichter"
die mundartliche Poesie selbst in Verruf gekommen ist. Doch
haben andere dieses Feld gleich ihm mit Ehren bebaut und
der Literatur des neunzehnten Jahrhunderts darauf einen
Strauß von Naturblumen gepflückt, der mit seinem wiesen-
und waldfrischen Hauch das Reich der Kunstpoesie aufs Lieb-
lichste durchduftet.

Allerdings ist der mundartlichen Dichtung innerhalb des
grenzenlosen Reichs der Poesie, welche auf ihrem Suchen nach
neuen Stoffen und neuen Gestalten das Erdenrund, die Höhe
des Himmels und die Tiefe der Hölle durchfliegt, durch die
Mundart selbst eine enge Stoffwelt zugewiesen. Wohl hat
die Mundart einen fein beobachtenden, mütterlichen Blick für
die kleine Welt des häuslichen und dörflichen Lebens, für die
Bebungen und Schwebungen der heimatlichen Volkspsyche,
für die Erscheinungen der heimatlichen Felder und Wälder;
allein wie ein Landmädchen sein Auge vom Hochschulge-
bäude der Stadt abwendet, so weicht auch die Mundart
scheu vor den Regionen, wo die tiefsten und höchsten Fragen

der Menschheit behandelt werden, zurück. Sie wird nie einer Dichtung im Sinne von Göthe's „Prometheus" oder Schiller's „Künstlern" das Leben schenken, nie eine Tragödie wie Shakespeare's „Romeo und Julia" auf die Welt der Bretter bringen, nie ein Heldengedicht wie die „Nibelungen" zeugen, nie mit dem Löwen Freiligrath's durch die farbenglühende Wüste streifen.

Nur dem weltumfassenden Geist der Schriftsprache ist es verliehen, sein dichterisches Gut in freier Wahl herab von den Göttern, herüber von den fernsten Lichtern eines Theorems, heraus aus den verwickeltsten Labyrinten einer Menschenbrust, aus dem blutschweren Schicksalsbuch einer Nation, aus fernstem Nord und fernstem Süd zu ziehen und seine Gestalten mit souveräner Macht, mit Dämonenflügeln oder Schlachtenpanzer, mit Narrenkappe oder Bajaderenschleier auszurüsten.

Von dieser großartigen Aneignungsfähigkeit der Schriftsprache, von ihrer wunderbaren Geschmeidigkeit sich in den Geist der entgegengesetztesten Dinge und selbst der fremdesten und fernsten einzuleben, besitzt die Mundart nichts. Sie ist an die Scholle gebunden, sie ist ein Kind, das nie vom Schürzenzipfel seiner Mutter läßt, das von den geschichtlichen Ereignissen nur so viel weiß, als sich in den mündlichen Ueberlieferungen seines Stammes erhalten hat und ganz im Denken und Fühlen, in der Anschauungsweise desselben befangen bleibt, ein Kind, dem an den hintersten sichtbaren Bergen zugleich mit der Heimat die Welt ausgeht.

Allein in dieser Beschränkung der Mundart liegt ihre völkerpsychologische und ihre poetische Bedeutung. Weil sie, als ein organischer Teil seines Lebens, aus dem Volk selbst herausgewachsen ist, weil sie nur dasjenige zum Ausdruck bringt, was an Erkenntniß und Gemüt, an Kraft und Sitte, an Gutem oder Bösem im Wesen des heimatlichen

Volkes selber steckt, so ist sie der Schlüssel zur Psychologie dieses Volkes oder, wie Klaus Groth so richtig sagt, dasjenige Mittel, „das den Bruderstamm dem Bruderstamme ins Herz sehen läßt".

Der Reiz der mundartlichen Dichtung besteht nun darin, daß sie das allgemein Menschliche, welches das Leben eines Volkes enthält, mit dem Auge des Volkes selber beobachtet, mit dem Ohr des Volkes selber belauscht, es liegt darin der Reiz einer mit naivem Sinn geschriebenen Autobiographie, durch deren individuelle Eigenart hindurch, sofern sie den höchsten Anforderungen der Poesie genügt, ein allgemein menschliches Gehalt leuchtet und wärmt.

Zu diesem objektiven Interesse, welches die Dialektpoesie allen gewährt, die den poetisch angewandten Dialekt verstehen, gesellt sich für diejenigen, welche mit diesem eines Stammes sind, noch ein subjektives, der Reiz des heimatlichen Erbgeruchs, des Jugendlandkräftigen, denn in dieser Dichtung sprechen lieb und traulich die Angehörigen des eigenen Gaues, flüstern die Quellen, rauschen die Wälder, schimmern die Sterne der Heimat,

„— Us der Heimet chunnt de Schi
S' muess lieblig in der Heimet si."

Die Sprache der Heimat hat eine elementare Gewalt über uns, weil, so weit wir in die Welt hinaus wandern, unser Sein doch im Boden des Jugendlandes verwurzelt bleibt wie der Stamm der Tanne, deren Wipfel von Bergeshöhe weit ausschaut, doch dem Grunde angehört, aus dem er die Kraft seines Wachstums schöpft.

Darum werden die reinen, goldenen Klänge, welche Hebel aus dem rauhen Metall der alemannischen Mundart hervorgezaubert, in ihren schlichten Rythmen und Reimen im sonnigen, fröhlichen Wiesental forttönen,

„So lang im Selbberggrund ne Tanne wurzlet
Und d'Wiese strömt und d'Wehre und de Rhi,
So lang na Mädle flink und dundersnett
Und d'Buebe Obeds um de Liechtspoh sitze." *)

So lang es noch alemannische Kinder gibt, werden sie beim ersten Schneefall jubeln:

„Isch echt da obe Baumwele feil?
Sie schüttet eim e redli Teil
Uf d'Gärten aben und uf's Hus,
Es schneit doch au es ist e Grus,"

und so lange die Schwarzwälder zu Müllen Markgräfler trinken, werden sie auch singen:

„3'Müllen an der Post
Tausigsappermost!
Trinkt me nit en gute Wi!
Gat er nit wie Baumöl i,
3'Müllen an der Post!

und wenn sie dabei die Mitternacht überrascht, so wird einer von ihnen aufstehen und sprechen:

„Loset was i euch will sage!
D'Glocke het Zwölfi gschlage."

Auch in der Schweiz ist in verhältnißmäßig kurzer Zeit eine mit dem Reiz ureigenster Bodenwüchsigkeit und Heimat=
kräftigkeit ausgestattete mundartliche Literatur entstanden, welche, vom dichterischen Hauch des Volksgemütes durchdrun=
gen, in ihren reifsten Hervorbringungen nicht nur in den Büchern, sondern als ein unabtrennbares Stück des Volks=
tums in diesem selbst fortleben wird.

Das „Küherlied" des blinden Volkssängers Alois Gluz von Solothurn, der mit der Guitarre auf dem Rücken, von einem Knaben geführt, von Pfarrhaus zu Pfarrhaus,

---

*) Viktor Scheffel.

von Landſitz zu Landſitz, wie ein Minnedichter zog und ſeine eigenen Lieder nach ſelbſt erfundenen Weiſen ſang:

„Morge früeh wenn d'Sunne lacht
Und ſi Alles luſtig macht"

und das „Meh baß äbbe" des Muſiklehrers F. Huber in St. Gallen:

„Wie baß iſt mer do obä,
So näch am G'wölch dazue".

das „Emmentaler Lied" von E. Widmer

„Niene geit's ſo ſchön und luſtig
Als bi üs im Emmetal"

werden in den Sennhütten und auf den Kirchweihfeſten des Jura, des Appenzellerlands und Emmentals geſungen werden, ſo lange Schweizerſennen ihre Herden auf die Schweizerberge treiben.

Nach Jahrhunderten noch werden die Hirten des Saanen‑ tals bei ihren Käſefeuern die Ballade des armen Romangs „De Frieſenwäg" rezitiren, welche das Meiſterſtück der epiſchen mundartlichen Dichtung auf Schweizerboden iſt, und wenn nach Jahrhunderten noch die Fahne mit dem weißen Kreuz im roten Feld den Schweizerbataillonen voranflattern wird, ſo werden die Schweizerſoldaten auf fröhlicher Raſt noch „D'Bruuſt" des Pfarrers Häffliger von Luzern ſingen:

„S'iſt imme Dorf vor Zyte
Schier z'mitzt es ßüßli gſi."

So lange ſich Schweizer in der Fremde nach der Heimat ſehnen, werden ſie derſelben in den Liedern des Berner Pfarrerdichters und Volksfreundes J. J. Kuhn gedenken,

„San an eme Ort es Blüemli gſeh,
Es Blüemli rot und wyß."

oder:
>"J de Slüehne isch mis Lebe
>Und im Tal tue ich kei gut",

oder:
>"Herz, wohi zieht es di,
>Säg mer, wo denkst du hi",

die so innig aus dem Herzen des Volkes gesprochen sind und darum wieder so tief zum Herzen des Volkes gehen. Doch hat sich kaum eine andere Landschaft der Schweiz an der mundartlichen Dichtung so reich und mit so viel Glück wie Zürich beteiligt, wo die idyllischen Gedichte Usteri's, der urwüchsige Humor Stutz'ens und die unmittelbaren Naturlaute Corrobi's in hundert und hundert Münden leben werden, so lange das Volk sein alemannisches Gemüt bewahrt, wo die Kinderlieder eines Staub's, Bänninger's, Rüegg's aus der Seele des Mütterleins in die Kinderseele übergehen werden, so lang die Jugend ihren "Ringereihe" machen wird.

>"Chränzli vo Blueme us Wisen und Seld,
>Rösli vo Hägen im Wald!
>Chränzli, de machst mer so wohl und so weh,
>Han i mi Lebtig kei süberers g'seh:
>Blueme vo Heime sind drin."

Martin Usteri.[1]

Der erste Schweizer, welcher sich auf dem Felde der mundartlichen Poesie, auf dem Hebel wie ein Pfadfinder vorausgegangen war, auszeichnete, war der Idyllendichter Martin Usteri, über dessen Leben sich selbst die Ruhe und Heiterkeit eines Idylls gebreitet hat.

Martin Usteri wurde im Frühling des Jahres 1763 zu Zürich, das damals noch eine mit Türmen und Mauern wohlverwahrte Kleinstadt war, als erster Sohn einer altzürcherischen Familie geboren und wuchs in einem jener guten Patrizierhäuser empor, in denen auf den soliden Grundlagen eines längstgeschaffenen Reichtums künstlerische Bestrebungen das kleinstädtische Bürgertum mit dem milden Feuer des Idealen durchleuchteten und durchwärmten.

Ein weitsichtiger Vater, zugleich unternehmender Kaufmann und eifriger Künstlerdilettant, und eine treue Mutter voll sinnigen Humors wachten über die Entwicklung des stillen, etwas wunderlichen Knaben, der, immer gesund und immer vergnügt, in drei Schwestern und in einem nachgebornen Bruder die Spielgenossen seiner Kindheit fand. Seine Entwicklung muß dennoch eine ungewöhnlich langsame gewesen sein, denn, wie sein Biograph David Heß erzählt, kam der wegen

---

[1] Quellen: Usteri, Dichtungen in Versen und Prosa, herausgegeben von David Heß. J. C. Mörikofer, die schweizerische Literatur im achtzehnten Jahrhundert.

seiner seelischen und körperlichen Anmut bei den Lehrern beliebte Knabe nur im „Gnadenkärrlein" der Nachsicht durch die Klassen der Kinderschule empor und noch im Collegium Humanitatis, wo er ein zumeist stummer Hörer blieb, hätte ihm niemand die nötige Fassungsgabe für jene Sprachkenntnisse zugemutet, welche er später als Geschichtsforscher und Deuter rätselhafter griechischer und römischer Inschriften an den Tag gelegt hat. So ist seine Schullaufbahn eine merkwürdige Parallele zu derjenigen Pestalozzis, seines um siebzehn Jahre älteren Zeitgenossen, der, selbst ein schwacher Schüler, nachher der Kunst des Erziehens so weittragende Lichter aufgesteckt.

Allein hatte es auch den Anschein, als ob alle geistigen Regungen des stillsinnigen jungen Menschen nur in der zeichnenden Hand desselben reflektiren, als ob die Schülerhefte voll Carrikaturen die einzige Frucht seiner Schulstudien seien, so erbebten in seinem sinnigen Gemüt die Saiten poetischen Empfindens doch schon früh, wie uns ein Zug, den uns Salomon Schinz in einer Beschreibung eines botanischen Ausfluges überlieferte, so schön beweist: „M.(artin) U.(steri), ein gefühlvoller Knabe, empfand auch die Wollust des Morgens. . . . . Mit Rührung des Herzens sang er in einer angenehmen Melodie Gellerts Morgenlied, wir alle gingen langsamer und hörten mit Vergnügen dem jungen Sänger zu."

Der würtembergische Bildhauer Sonnenschein, ein Mann von geläutertem Kunstgeschmack, führte ihn in das Zeichnen von Vorlagen, Salomon Geßner in die bildliche Darstellung von Figuren ein, und unter dem Einfluß der lieblichen Idyllen des Sängers und Forstherrn im Sihlwald entwickelte sich in Usteri jene Vorliebe für das Kleinleben, für das Niedliche und Zarte, welche ein charakteristischer Zug der hundert und hundert Handzeichnungen bildet, die der als bildender Künstler

ebenso sehr wie als Dichter ausgezeichnete Mann bei seinem
Tod hinterlassen hat.

Indes war Martin Usteri von seinen Eltern keineswegs
für das Erdenwallen eines Künstlers bestimmt, auch ihm
sollte die Kunst nur eine schöne Beigabe ins prosaische Leben
eines Seiden= und Porzellanfabrikanten sein, und nachdem er
die öffentlichen Schulen seiner Vaterstadt durchlaufen hatte,
trat er dem Wunsche seiner Eltern gehorsam in die Schreib=
stube seines Vaters ein, deren Langeweile er sich mit dem
Zeichnen verkürzte; doch ließen ihm auch außer derselben
die Eltern Zeit, seinen künstlerischen Neigungen in reichem
Maße gerecht zu werden.

In Meilen auf dem Landgut seiner Großmutter, wo der
blitzende Spiegel des Zürchersees, der Kranz schimmernder
Uferdörfer und die ernsten Linien des Glarnerhochgebirgs seine
Phantasie erregten, und im Sihlwald, dessen Gründe sein
väterlicher Freund Salomon Geßner mit Grazien und un=
schuldigen Schäferinnen bevölkerte, lauschte er der Natur ihre
stillen Freuden ab und auf Fußreisen nach den klassischen Ge=
genden der Schweizergeschichte zog er jenes starke Gefühl für
das Heimatliche in sich groß, aus dem heraus er später seinen
Cyclus vaterländischer Romanzen gedichtet hat.

Als er dann im zwanzigsten Lebensjahre gemeinsam
mit seinem Bruder Paul die Bildungsreise unternahm, welche
damals den Uebergang der jungen Bürger aus dem rein
häuslichen in das öffentliche Leben zu vermitteln pflegte, sah
er nicht nur einen großen Teil von Europa: das Elsaß, das
badische Land, Sachsen, das damalige Berlin, die Hansastädte,
die Niederlande in ausreichenden, behaglichen Aufenthalten,
sondern lernte auf benselben an Hand guter Empfehlungen
die vornehmsten Geister der Literatur, so Klopstock, den
Messiadensänger, Göthe, den „Löwen von Weimar", Ramler,
den akademischen Dichter und Versfeiler, Overbeck, den zart=

sinnigen Poeten von Lübeck, Gerstenberg, den Urheber der
furchtbaren Ugolinotragödie, und in Wandsbeck bei Hamburg
den Volksschriftsteller Matthias Claudius kennen, der die
Brüder mit einer halben Flasche Wein und drei Brezeln
bewirtete.

Wenn auch eine scheue Bescheidenheit Usteri nicht zugab,
aus solchen Begegnungen den größtmöglichen geistigen Gewinn
zu ziehen und er überhaupt nur lässig aus der reichen Bil=
dungsquelle dieser Reise schöpfte, so kam sie dennoch einer
geistigen Erweckung gleich.

Auf dem behaglichen Boden der Vaterstadt entwickelte
er nach und nach reiche gesellschaftliche Talente und wurde
durch seine Liebenswürdigkeit und Sittenreinheit eine volks=
tümliche Figur der jeunesse d'orée von Zürich, welche auf
dem Schützenplatz, der jetzigen Platzpromenade zwischen Limmat
und Sihl, ihren Corso hatte und dort den peripathetischen
Zwischengesprächen der damaligen literarischen Berühmtheiten
von Zürich, des alten, kleinen Bodmers mit seinem an Vol=
taire erinnernden Gesicht, des gebückten Chorherrn Breitin=
gers und Geßners, des fröhlichen, behäbigen Dichters, lauschte.

Aus den jungen Zürcherdamen, die sich auf dem Schützen=
platz galant von den jungen Herrn begrüßen ließen, wie es
Gottfried Keller in der Novelle „Der Landvogt von Greifen=
see" mit unnachahmlichem Humore schildert, erwählte er sich
als dreiundzwanzigjähriger Mann seine liebreizende Gattin,
die indes in spätern Jahren zeitweise in Schwermut verfiel.
Im Glück seiner jungen Ehe fand er immerhin noch die Zeit,
sich auf der Stadtbibliothek in die reichen Schätze mittelalter=
licher Geschichte und Poesie, für deren Studium sein Eifer
mächtig erwacht war, zu vertiefen und auch seine Zeichenkunst
noch zu vervollkommnen.

So wurde Usteri auf zwei verschiedenen Gebieten Jünger
der Kunst, unter der liebevollen Führung von sehr begabten

Malern ein Zeichner, dessen sorgfältig ausgeführte Genre=
bilder eine Lebendigkeit und Laune, eine Wahrheit und Zart=
heit atmen, daß die Kunstkritik sie mit keinen geringern
Schöpfungen als denjenigen Chodowiehkis, des berühmten
Illustrators der Dichterwerke des 18. Jahrhunderts, zusammen=
stellt; unter dem Eindruck seiner geschichtlichen Studien ein
Dichter, der zwar nicht mit dem Adlerflug des Genies lichte
Fäden zwischen der Menschenbrust und den letzten und höch=
sten Fragen des Lebens gezogen, aber doch mit der Kraft
eines bedeutenden Talents Stoffe aus der Heimat dichterisch
behandelt und als erster Dialektdichter des Zürchervolks aus
dem Erz der Mundart das Gold der Poesie herausgeläutert hat.

Usteri war auch zu bescheiden, um je mit den Präten=
tionen eines Künstlers oder Dichters aufzutreten, seine Zeich=
nungen und seine Poesie waren ihm nie Selbstzweck, sondern
nur dazu da, sich und seinen Freunden das Leben mit den
Blumengewinden der Kunst zu umkränzen, das freundliche
Tuskulum, in dem sein für jeden Sonnenstrahl der Liebe und
der Freude offenes Gemüt, wie hoch auch die Wellen des
Geschickes gingen, immer wieder seinen Gleichmut fand. So
vermochte weder der Zusammenbruch des väterlichen Geschäfts,
weder der Tod seines Bruders Paul und seiner einzigen
Tochter Magdalena, die er beide auf das Innigste liebte,
weder die Krankheit, die zeitweilig das Gemüt seiner Frau
umnachtete, noch ein eigenes schweres Leiden, das seine sanf=
ten, blauen Augen furchtbar entstellte, und die Aemter eines
Großrats, Stadtrats, Stadtseckelmeisters, Erziehungsrats und
Censors, welche das Vertrauen seiner Mitbürger in politisch
schwerer Zeit auf seine Schultern gehäuft, das liebenswürdige
Wesen und den ruhsamen, idyllischen Zug von Usteris Leben
zu nehmen. Mitten in den furchtbaren Ernst der Revolutions=
jahre hinein klang wie eine süße Friedensschalmei sein 1753
für die Künstlergesellschaft gedichtetes, schlichtes, herzinniges Lied

„Freut euch des Lebens,
Weil noch das Lämpchen glüht!
Pflücket die Rose,
Eh' sie verblüht."

Auf den Schwingen der lieblichen, leicht ins Gehör fallenden Melodie, welche ihm Hans Georg Nägeli, der Vater des zürcherischen Männergesangs, verlieh, machte es den Weg um die Erde, wurde vom Nordkap bis nach Feuerland, von den ostasiatischen Tundren bis ins Tal des Sakramento gesungen und weither reisten die Leute nach Zürich, um den Dichter des berühmten Liedes zu sehen.

Vielleicht daß das harmlose Lied noch jetzt da und dort in der Welt die gesellige Freude verschönt, bei uns in der Heimat des Dichters ist es fast vollständig verschollen, denn eine gewisse didaktische Absichtlichkeit, welche mit dem Ton des ächten Volkslieds nicht vereinbar ist, lähmt einigermaßen den Schwung desselben und unsere Zeit mit ihrem sozialen Suchen und Tasten hat wenig Sinn mehr für das Glück in der Beschränkung, welches in diesem Lied gepriesen ist.

Ueberhaupt werden von den poetischen Hervorbringungen Usteri's seine schriftdeutschen Gedichte am frühesten der Vergessenheit anheimfallen; aber wenn ihrer einmal auch keine deutsche Literaturgeschichte mehr gedenkt, so wollen doch wir Schweizer es ihm nicht vergessen, daß er einer der ersten war, welche unsere vaterländischen Geschichten und Sagen in poetischer Darstellung verherrlicht haben.

Namentlich durch den „Bildungsfreund", das weitverbreitete republikanische Lesebuch von Thomas Scherr, haben die Romanzen Usteri's, wie „das Bergmännlein am Pilatus":

„Was eilst du so schön Mägdelein
Hinan die steilen Triften?
Ein Hochgewitter bricht herein,
Schon toset's in den Lüften:

>   Sieh wie die Heerde heimwärts eilt,
>   Vom Blitz geschreckt, vom Sturm umheult,
>   Ach, wende deine Schritte
>   Und flieh in meine Hütte"

oder „**der Storch von Luzern**"

> „Was rennt durch die Straße die ängstige Schaar?
> Was deutet das dumpfe Getöse?
> Horch furchtbar verkünden vom Turm die Gefahr
> Des Feuerhorns gräßliche Stöße"

oder „**Struth Winkelried**"

> „Es lebte ein Ritter am gräflichen Hof,
> Geachtet von Großen und Kleinen:
> Ein Blitz in den Schlachten, ein schützender Turm,
> Ein rettender Fels im verschlingenden Sturm,
> Doch gern auch ein Bote des Friedens"

oder „**die Versöhnung**"

> „An Thurgaus Grenze lag der Kaiser
> Und um ihn her des Adels Macht:
> Ihm, wähnt er, müßt es doch gelingen,
> Das Hirtenvölklein zu bezwingen,
> Und dachte sich den Plan der Schlacht"

im Schweizervolk eine solche Verbreitung gefunden, daß sie eine Art Volksgut geworden sind, welches man, um der Heimatlichkeit seines Inhalts willen, in den modernen schweizerischen Lesebüchern nur ungern vermißt.

In den hellen Räumen der Stadtbibliothek hatte sich Usteri im Studium alter Chroniken eine so tiefe Kenntniß des Mittelhochdeutschen angeeignet, daß er in manchen seiner Dichtungen zu der Sprache vergangener Jahrhunderte zurückkehrte, wobei es seine Freude war, diese Gedichte auch mit altertümlichen Buchstaben und farbigen Initialen zu schmücken und, alte Pergamente als Schreibstoff verwendend, mittelalterliche Blätter treu nachzuahmen.

Am bekanntesten unter diesen Versuchen Usteri's, das Leben des Mittelalters in der Sprache desselben darzustellen, ist die an das Basler Erdbeben im Jahr 1356 anknüpfende poetische Erzählung „Wallraff von Thierstein" geworden.

> „Graf Wallraff von Thierstein ritt über die heid,
> Synem liebsten Srůnde gab er das Geleit,
> Nach Basel wollte der kehren,
> Er hatte wol manchen Tag vnd Nacht
> In Luft vf dem Pfeffinger Schloß verbracht,
> Vnd gewünscht, so möcht's ewighlich wåhren."

An dieses Gedicht, welches der Denkweise und der Poesie des vierzehnten Jahrhunderts so treu nachgebildet ist, daß es dem Dichter unter dem Vorwand, es sei ein alter Fund, gelang, selbst seine Freunde, die Germanisten Grimm und Wackernagel, eine Zeit lang zu mystifizieren, reihen sich die Legende „Jbba von Toggenburg", „Der armen Frow Zwingli Klag", ein poetisches Stück von rührender Gewalt, und die künstlerisch vollendete Prosaerzählung „Der Erggel im Steinhuus", eine altzürcherische Geschichte, welche das Schicksal der Familie Meiß behandelt.

Allein wenn auch die schrift- und mittelhochdeutschen Gedichte Usteri's vielleicht von den spätern Generationen nicht mehr gelesen werden, so wird doch keine deutsche Literaturgeschichte je die mundartliche Poesie besprechen können, ohne im gleichen Atemzug, da sie des treuherzigen Hebels gedenkt, auch unserm liebenswürdigen Martin Usteri ein Kränzchen zu winden und so lange in Zürich das Sprachenmessung eines kosmopolitischen Verkehrs die Mundart nicht ganz verdrängt haben wird, wird Usteri's herziges Gedichtchen: „So wird's cho", das eine Perle der alemannischen Dialektliteratur ist, als Probe unserer Mundart in allen darauf bezüglichen Büchern stehen:

„Das Müeterli gaht mit em Meitschi in Mert,
Es chauft es Güütschli, es chauft em es Pferd
Und Güggel und Hüendli und Schäfli vo Blei
Und Blättli und Täßli vo Holz und vo Bei.

Und wenn's na fünf Jahre denn wider wird ga,
So laht's denn, i wette, die Güggeli ftah,
Es list denn gar e schöns Döcketli us
Und macht em es Röckli und pützlet es us.

Und wenn's na fünf Jahre wider wird gah,
So laht's denn, so mein i, au Döcketli ftah,
Es chrämlet denn Bändel und Spitzli und Schuech
Und schielet den artige Herrlene zue.

Und gaht's na fünf Jahre denn wider in Mert,
Denn chauft's wider Gütschli und Wäge und Pferd
Und Blättli und Täßli vo Holz und vo Bei
Und bringt sie jhm eigene Meiteli hei."

Seinen Ruf als Dialektdichter haben indes die beiden Jdyllen „De Vikari" und „De Herr Heiri" begründet. Das erstere ist ein wirkliches Jdyll voll zartsinniger und schalkhafter Poesie und zugleich ein prächtiges Culturbild aus den schweizerischen bürgerlichen Verhältnissen an der Wende des Jahrhunderts, das letztere steht ihm in künstlerischer Durchbildung und Zeichnung der Charaktere nach, ergötzt aber durch die Lebendigkeit seiner Scenen und einen freischaltenden Humor.

„De Vikari" führt uns in dem Augenblicke in ein ländliches Pfarrhaus ein, wo die Frau Pfarrerin eben von der schöngeistigen Frau Hauptmännin in der Stadt einen im blühendsten Styl geschriebenen Brief erhält, der ihr für den nächsten Tag den Besuch des Herrn Hauptmanns, der Frau Hauptmännin und „Chaspers", des Sohnes derselben, anmeldet und zugleich ausführt, daß dieser letztere um die liebliche Tochter des Hauses, um Nette, zu freien gedenke.

Es ist schon spät am Abend und die gute Pfarrersfrau,

welche die Gäste gern am folgenden Mittag mit einer ausgesuchten Mahlzeit bewirtet hätte, gerät in die größte Verlegenheit:

„Lifebeth! Lifebeth! gschwind! das ist e vertrakti Hiftori, hah·n·es keis Bitzli im huus — und die erwartet e Mahlznt. Lifebeth! Chömmed doch gschwind! herr Jefes! keis Chrebsli, keis Sischli!
S'Entli hämmer hütt geffen und euferi Tüübli de Marder, D'huener leged jetzt nüd — de Karfiol ist nüd grate, D'höckerli sind verby — und d'Böhndli sind no wie Nadle."

„Jumpfer Nette", die schon zu Bette gegangen ist, wird noch von der mütterlichen Sorge in Kenntniß gesetzt, sie lächelt und vertröstet die Mutter auf den Morgen und liest nicht einmal mehr den Brief, von dem die Mutter bedeutungsvoll gesagt: „Es staht vo dir drin." Dafür ist sie gemeinsam mit der Magd schon in der ersten Morgenfrühe an den Vorarbeiten für die Mahlzeit und da man im Pfarrhaus von dem Dorffischer Joos keine Fische beziehen will, muß der Müller aushelfen.

Fischer Joos, der alte, gutherzige Lump, hatte nämlich einige Zeit vorher beim Pfarrer um eine Empfehlung und um einen Geldvorschuß gebeten, damit er weiter im Besitz der Fischpacht bleiben könne, war aber von diesem wegen seines liederlichen Lebenswandels abgewiesen worden und da der Pfarrer nach dem Fortgang des erzürnten Fischers seine silberne Tabakdose vermißte, hatte er ihn beim Gericht als Dieb verklagt, war jedoch auf Betreiben des „Schärer Chappi", eines rabikalen Schwatzers, der den aristokratischen Pfarrer haßte, selbst in eine Buße verfällt worden.

Während die Eltern beschließen, den Antrag der Frau Hauptmännin mit Wohlwollen aufzunehmen, erschrickt Nette bis ins Herz, als sie den Zweck des Besuches erfährt:

— „Herr Jeses, i hoffe-n-er spaffid" das seit sie und sust nüüd. Sitzt denn ab uf en Bank und wo d'Frau Pfarrerin lueget, Rüeft sie: Um Gottes Wille, de bist, wie wenn d'wettist verscheide."

Nette liebt den „Vikari", der bis vor kurzer Zeit all=samstäglich ins Dorf gekommen war, um an den Sonntagen den Predigerdienst für den alternden Vater zu versehen, aber eines Tages mit einer freimütigen Bemerkung über die Traum=deuterei, welcher der alte Herr sehr ergeben war, und durch seine steigende Beliebtheit im Dorf, den Zorn und die Eifer=sucht desselben herausgefordert hatte, so daß es zu einem jähen und andauernden Bruch zwischen beiden gelangt war.

Die Gäste kommen. Als Nette den plumpen Chasper aus dem Wagen stolpern sieht, flüchtet sie sich mit einem er=schrockenen „B'hüetis Gott" in die Küche und erst nach vielem Drängen der Ihrigen erscheint sie schüchtern in der Stube, wo die schöngeistige Frau Hauptmännin in die Worte aus=bricht:

„— — Was mueß me erlebe. Nei lueg au, Herr Hauptme,
Wie so groß und schön. Wahrhaftig i hätti ame dritte
Ort sie gar nümme erchennt! Nei, lueg au, Herr Chasper, wie
blüehed
— — — — — — Nei lueg au, Herr Hauptme, nei, lueg au,
Chasper, e Frühlingsrof', en wahre Phönix, es Bijou!"

Ein Spaziergang vor dem Essen, auf dem sich Herr Pfarrer und Frau Hauptmännin, Herr Hauptmann und Frau Pfarrer, Chasper und Nette in Paaren gruppiren, bietet den Stadtleuten eine günstige Gelegenheit, die Angeln auszu=werfen, der Herr Pfarrer wird von der Liebenswürdigkeit der Frau Hauptmännin ganz eingenommen; etwas zurückhalten=der bleibt die Frau Pfarrerin und Nette endlich weiß mit geistiger Ueberlegenheit Herrn Chasper kalt zu stellen. In einem Augenblick, wo die Stadtleute nach dem Mittagessen allein sind, besprechen sie ihre bisherigen Erfolge und sind von denselben sehr befriedigt; nur ein Haken ist noch da, ein alter, reicher Verwandter des Pfarrers, der „Pfleger", der ihm bei seinem nahen Tode die ganze Erbschaft überlassen will, wünscht Nette mit einem jungen, ausgelassenen Stadtbürger, dem „Gassenruebi", für den er eine Schwäche hat, verheiratet zu sehen und würde das Testament ungültig erklären, wenn er seinen Lieblingsgedanken zerstört sähe. Im Keller, wo Nette unterdessen Wein holt, wird sie die unfreiwillige Lauscherin des auf die Geldverhältnisse der Heirat sich beziehenden Gesprächs.

Nachdem zwischen den beidseitigen Eltern noch alle auf die Verlobung zwischen Chasper und Netti zustrebenden Hoffnungen ausgetauscht sind, fahren die Stadtleute hocherfreut heimwärts, Nette aber flüchtet sich mit der Aufregung ihres Herzens hinaus in die Natur, hinaus in das stille Bachtobel.

„Da wo vo dene Borte zwe Nußbäum gegenand neiged,
Und ihri mächtigi Äst si dur enandere schlinged,
Zrings vo Haslen und Erlen und niederem Buschwerk umzingled,
Über das denn die Esche d'Sederechrone erhebed,
Ist en verborgene Platz; es lieged dort mehreri Selsstuck
Dunkel bimoost binenand und über die glänzige Chisel
Rislet luter und chüel das Bächli mit fröhlichem Murmle.
Alles ist zringselum still und dunkel de Schatte und heimli.
Das ist jetzt ihres Ort, da baut sie die Gärte, da traumt si
Ihri schönste Träum und zieht denn öppe verstole
Ihres Brieftäschli fürre; doch eh' sie's öffnet, so luegt sie
No es Mal drüü zringselum und öffnet's denn erst na mit Vorsicht,
Nimmt drus use denn etlichi Lieder mit niedlicher Handschrift
Gschribe uf englisches Atlespapier mit guldenem Rändli.
Und mit chlopfedem Herze durlist sie denn alli und singts wol
Aber nur lisli und schwach, daß niemert das Singe vernemi.

Als sie daheim dann das stille Kämmerlein aufgesucht hat, tritt die Mutter zu ihr und Nette gesteht ihr weinend die Liebe zum „Vikari" ein. Zwar weiß die Mutter, wie hoffnungslos diese Liebe ist, doch da sie selber für den Vikar' mütterlich fühlt, vermag sie nicht mehr ganz für Chasper einzustehen und unter ihrem Einfluß gewährt der „Bapa" seiner Tochter zehn Tage Zeit, sich mit dem Gedanken an die Zukunft vertraut zu machen, ehe sie durch ihn Chasper das bindende Ja gibt.

Während dieser zehn Tage gelangt durch die Prahlereien Chaspers die Kunde von der Verlobung, die ins Werk gesetzt werden soll, zu dem „Pfleger", der Nette für den Gassenruedi bestimmt hat, und er enterbt den Pfarrer. Als dieser in die Stadt fahren will, um die Aufrechterhaltung des Testaments bei dem Verwandten zu erbitten, findet er im Futter seines guten Rocks die silberne Tabaksdose wieder, welche gestohlen zu haben er den Fischer Joos bezichtigt. Um seines Ansehens im Dorfe willen, bringt er es zwar weder in seiner eigenen Familie noch gegen Joos über's Herz, sein Unrecht einzugestehen, doch läßt er in seiner Zerknirschung beim Goldschmied in der Stadt die Buchstaben S und V auf den Deckel graviren, welche ihm für alle Zukunft: „Sei vorsichtig!" bedeuten. Von dem erzürnten reichen Vetter kann er nicht einmal eine Audienz erlangen, die Frau Hauptmännin mit ihrem Mann und Sohn ist im Bad zu Baden. Von dort kommt am folgenden Freitag ein Brief ins Pfarrhaus, der sich indes durch ein Postscript Caspers als ein ihm untergeschobenes schöngeistiges Machwerk der Frau Hauptmännin enthüllt. Er läßt in der Frau Pfarrer und im Pfarrer die ersten Zweifel aufkommen, ob die Verbindung Nette'ns mit Chasper ein Glück wäre. Als die Dörfler am folgenden Sonntag in der Kirche das abgehärmte, vom Weinen gerötete Gesicht Nette'ns sehen, entsteht durch Vreneli, die ehemalige Magd des Pfarrers, welche durch eine unglückliche Heirat in Armut gekommen war und vom Vikar manche Guttat erhalten hatte, geschürt, eine Bewegung unter den Bauern, welche der allgemein beliebten Pfarrerstochter kein Leides geschehen lassen wollen, und unter dem Eindruck derselben beschließen die Pfarrersleute, der Entscheidung Nette'ns keinen weitern Zwang aufzulegen, sondern dieselbe als einen Wink des Schicksals hinzunehmen.

Allein am Montag, am Tag, wo Nette sich aussprechen soll, geschieht das Unerwartete. Nach langem Seelenkampf opfert das Mädchen ihre Liebe zum „Vikari" auf dem Altar der kindlichen Pietät:

„Ich ha mi entschlosse, ja Papa, ich wird em mi Hand ge."

Noch an demselben Morgen eilt Verene, die von Lisebeth, der jetzigen Pfarrersmagd über die neue Wendung der Dinge unterrichtet ist, zum Vikar in der Stadt, der in seinem Liebesgram wie ein Schatten umhergeht, und macht ihn mit dem Entschluß Nettens bekannt. Seiner selbst nicht ganz mächtig, nur von den Eingebungen der Liebe getrieben, eilt dieser planlos hinaus auf das Dorf. Im Wald vor demselben verfällt er auf den Gedanken, sich als eine Pilgerin zu verkleiden, um in dieser Vermummung unerkannt Lisbeth, welche regelmäßig um fünf Uhr des Abends auf dem Pfarrhof Wasser zu holen pflegt, am Brunnen zu sprechen. Allein als er in den Hof kommt, fällt „Ringgi", der Hund des Pfarrers, mit lautem Gebell auf ihn los, erkennt ihn jedoch, und in seiner Not, durch die Liebkosungen des Hundes verraten zu werden, flüchtet der Vikar sich in die Scheune und auf den Heustock des Fischers Joos, wo er sich der Vermummung entledigt. Im Heu findet er die drei silbernen Löffel, welche Joos im Aerger über die ungerechte Anschuldigung seines Geistlichen aus dem Pfarrgarten wirklich entwendet hat, und tritt mit denselben dem Pfarrer entgegen, der durch Ringgi neugierig geworden, herankommt. Durch eine List die schlimme Situation mit einem Schlage gut machend, sagt er zum Pfarrer, es habe ihm dreimal geträumt, er werde im Heu des Joos die drei silbernen Löffel finden — und richtig — hier seien sie. Der Pfarrer fühlt sich in der Frage der Traumbeutung durch diese Erklärung dem Vikar gegenüber als Sieger und mit ihm versöhnt. Doch nun rückt dieser mit einem zweiten Traum heraus und dieser zweite Traum ist die Hand der „Jumpfer Nette". Mit einem langgedehnten: „So! So!" läßt der Pfarrer den Vikar in Ungewißheit im Garten stehen. Während er im Haus der Frau Pfarrer und Nette die Werbung mitteilt, die diese mit Tränen, jene mit der Beredtsamkeit des Mutterherzens emp= fängt, will draußen im Garten der Vikar schon in Ver= zweiflung fortgehen, doch Nette eilt ihm nach und führt ihn ins Haus

„Und de Herr Vikari häd zittred der Tochter sy Hand g'ge
Und nu ihri Thräne händ gredt und die chlopfede Herze;
Denn d'Bläsi im G'sicht hät's Eint und's Ander belehrt gha,
Wie tüüf im Herz, das Eini bim Andere wohni.
Und es wird nüd Nacht, so git scho de Pfarrer sis Placet,
Und die Freud, die lang scho das fründtli Pfarrhus verla häd,
Chehrt wieder drin y und zauberet d'Rose-n-uf d'Wagge
Denn im Herze, da sind sie scho lang und blüehed so herrli."

Da der „Gassenruedi" durch sein ausgelassenes Wesen den „Pfleger" erzürnt, wendet dieser seine Gunst wieder dem Pfarrer zu; über das gleißnerische Wesen der Frau Haupt= männin gehen diesem durch ein Packet Predigten, die sie ge= lesen zu haben heuchelt, aber nicht gelesen hat, die Augen auf; dem Fischer Joos schenkt er eine Quittung und Erneuerung der Fischpacht, um die Schuld wegen der Dose auszugleichen, und unter der Anführung des gerührten, ehrlichen Lumps versammeln sich die Dörfler um das Pfarrhaus und beglück= wünschen das junge Paar.

Man kann den „Vikari" nicht lesen, ohne unwillkürlich lächeln zu müssen über die heitere Komik und den göttlichen

Humor, die darin schalten und walten, während an andern Stellen einem fast die Augen übergehen möchten aus Teilnahme für Nette, dieses Prachtmädchen, dessen Gestalt der Dichter zugleich mit dem Zauber der Poesie und so vielen Zügen individuellen Lebens ausgestattet hat, daß durch sie bei aller Poesie doch das warme Blut eines wirklichen Menschenbildes kreist. Fischer Joos, dieser ehrliche Schelm und gutmütige Lump, ist eine Figur, wie sie im Volke leibt und lebt, und im „Schärer Chappi" hat Usteri in allerdings etwas karrikierter Weise eine ländliche, politische Größe gezeichnet, wie es deren zu jeder Zeit gegeben hat. Es ist wahr, jener Zug inniger Liebe zum Landvolk, welche die Hebel'schen Gedichte wie ein mildes Feuer durchglüht, fehlt dem seelenguten, aber im Kern doch aristokratischen Usteri; alle seine Landleute tragen eine Narrheit oder eine Schwäche an sich; aber den Eindruck der Unwahrheit wird kein Leser empfangen, sondern jeder muß sich gestehen: „Solche Leute leben, solche Leute gibt es auf dem Land."

Uebrigens hat sich der Humor und die köstliche Satyre Usteris noch schärfer als gegen die im Vikari auftretenden Dorfbewohner gegen die eigenen Mitbürger und Mitbürgerinnen gewandt, indem er z. B. in der Sprach- und Schreibweise der Frau Hauptmännin die zu seiner Zeit auch in Zürcher Frauenkreisen üppig gedeihende Schöngeisterei und Geistreichigkeit auf das Köstlichste persiflierte.

Sein zweites Idyll: „De Herr Heiri", ist zwar reich an Scenen von humoristischer Gewalt und feinausgeführten Genrebildern, unter denen die Kaffeeklatschscene: „No es Täßli, Frau Bas? — J danke verbindli" das berühmteste ist, allein die Gestalten derselben vermögen nicht aus dem Boden eines spießbürgerlichen Philistertums in die reinen Höhen wirklicher Poesie aufzusteigen, und der gute „Herr Heiri", neben dem episodenhaften „Lieutenant Sternbli" die einzige Männer=

figur des Idylls, hat trotz seines gesunden, trockenen Witzes selbst zu wenig männliche Kraft, um den Leser das Kaffee=
aroma eines Kreises von Stadtdamen, deren Welt im Krims=
krams des Alltagslebens aufgeht, vergessen zu lassen. Doch hat Usteri auch hier, einem ächt schweizerischen Fühlen fol=
gend, dem Geringen und Uebertünchten das Brave und Tüchtige, dem Schein die Wahrheit, dem Bildungsschliff die Treuherzigkeit gegenübergestellt, ja in der „Babette" des „Herr Heiri" hat er sogar eine Protestfigur gegen äußern Wohlanstand und innere Rohheit mit solcher Schärfe aufge=
tragen, daß darin das künstlerische Maß entschieden über=
schritten ist.

Wegen ihrer gesunden Sinnesart und ihres humoristi=
schen Gehalts haben diese Dichtungen, welche zu Lebzeiten des Dichters nur in Manuscript von Hand zu Hand gingen, bei ihrer Herausgabe durch David Heß zu Stadt und Land eine überaus freundliche Aufnahme gefunden und der „Vikari" wird heute noch in der Bühnenbearbeitung von H. Cramer von zürcherischen Dilettantentheatern mit Vorliebe aufgeführt.

Ueberaus lieblich und frisch sind Usteris zwölf aleman=
nische „Kinderlieder", wovon das früher citirte: „So wird's cho", eine der schönsten Proben ist; ein anderes: „D' Störchli"

  „Mis Chindli g'sehst seb Storchenest
  Uf sebem hohe Huus;
  Es sind drü jungi Störchli drin,
  Sie gugget her, sie gugged hin
  Wohl über's Dörfli us" etc.

ist mit Recht in manche schweizerische Schulbücher überge=
gangen. Eines der reizendsten ist auch „De Guggu", worin eine junge Mutter aus den Rufen des Vogels die Zukunft ihres Kindes enträtseln will:

„Dur's Mätteli bin i g'gange,
Im Mätteli bin i gsy;
Die Vögeli, die händ gsunge
Und's rüeft de Guggu dry;
I lose gern und blybe stah,
Saht er im Wald sys Guggu a:
Guggu! guggu! guggu! (bis)

Und gugget er im Länze,
So rüeft im mänge zu:
Wie lang han i no z'läbe?
Und zellt denn die Guggu
Und meint, er werd der eltist Ma,
Wenn er brav Guggu zelle cha!
Guggu! guggu! guggu! (bis)

I han as Chindli gsinnet,
I han as Chindli dänkt:
Häd ihm de Herr im Himmel
Wohl vil an Jahre gschenkt?
Und rüefe da zum Tannewald?
Säg, Guggu, wird mys Chindli alt?
Guggu! guggu! guggu! (bis)

Ha schier nüd dörfe lose,
Was er zur Antwort schrei —
Mys Herz hät halbe bsorget,
S'gäb eis nu oder zwei.

Da aber faht de Chrema
Gar lut und luftig z'guggen a:
Guggu! guggu! guggu!*)
Und wo i mein, jetzt hör er auf,
Gaht's doch no furt im glyche Lauf:
Guggu! guggu! guggu!*)
Und woni fürch, jetzt blyb er stah,
So fangt er erst na lüüter a:
Guggu! guggu! guggu! (bis)

Es isch en ytle Glaube,
So han i zue mer gseit,
De Herr bestimmt ja 's Läbe —
Und doch hät 's Herz si g'freut!
Dänn wird des Vogels Rüefe wahr,
So läbt mis Chindli hundert Jahr
Guggu! guggu! guggu! (bis)

Und chunnts au nüd uf hundert
Und läbt es chürzri Zyt,
Isch's nu i luuter Säge
Und ohni Not und Stryt,
So dank i Gott für jedes Zyl,
Rüef denn de Guggu, was er will —
Guggu! guggu! guggu!

In seinen Idyllen und in seinen Kinderliedern feiert die Poesie Usteri's auf das herzinnigste die Bande der Pietät, der hingebungsvollen Liebe, welche Eltern und Kinder verbinden, die geheimnisvollen Fäden, welche das Gemüt der Mutter zum Gemüt des Kindes herniederziehen, den Segen eines schönen Familienlebens; seine mundartlichen Dichtungen sind, um an

---

*) Der Dichter bemerkt an diesen Stellen: Nach Belieben fortzusetzen.

einen bezeichnenden Ausdruck, der auf Hebel's Gedichte ange=
wendet worden ist, zu erinnern: „Wonnelieder des Friedens",
denn sie enthalten die Poesie des häuslichen Herds.

Und gehoben und getragen werden diese Lieder von der
liebenswürdigen, in Bürgertugend und Lebenshaltung vorbild=
lichen Gestalt ihres Dichters, in dessen Wesen sich ein fast kindlich=
naives Gemüt mit der Seelenlauterkeit eines Weisen vereinigte.

Das haben denn auch schon die Zeitgenossen Usteri's ge=
fühlt; sie blickten mit unbegrenzter Liebe und Hochachtung zu
dem bescheidenen Manne empor, der mit seinen Dichterwerken
die Menschen zur Einfachheit und Genügsamkeit zurückzuführen
sich bestrebte; die herrlichste Apotheose hat ihm aber doch der
Tod selbst bereitet.

Der vierundfünfzigjährige Dichter hatte seine Wohnung
seit einiger Zeit im Gasthof zum „Pfauen" in Rapperswyl.
Er kränkelte, aber an's Sterben dachte noch kaum jemand.
Nun kehrten am Abend des 29. Juli 1827 der Männerchor
Wald, der unter der tüchtigen Leitung des Pfarrers Tobler
stand, von einem Ausflug heimkehrend, in diesem Gasthof ein
und ohne zu wissen, wie krank Usteri sei, sangen sie ihm zu
Ehren einen ernstlieblichen Choral, der den Dichter aus einem
leisen Schlummer weckte. „O, wie schön! wie schön!" hauchte
er vor sich hin, und als die Sänger vernahmen, wie krank
Usteri sei und welche Freude ihm ihr Singen gewähre, intonir=
ten sie Usteri's eigene Lieder und im Frieden des sonntäglichen
Juliabends, im Nachhall seiner eigenen Lieder ist der Dichter
schmerzlos dahingegangen, ein Seliger schon vor dem Tod!

Durch die stille Nacht glitt eine Trauerbarke den See
hinab; sie brachte Zürich den liebenswürdigen Sänger
todt, und die Mutterstadt hat ihren Sohn mit einer Trauer
begraben, wie sie so elementar nur hervorbricht, wenn die
Besten eines Volkes sterben.

Jakob Stutz.*)

Fünfzig Jahre nach Martin Usteri's Hinschied, am 15. Mai 1877 läuteten droben in dem Bergdorf Bärentsweil die Glocken einem anderen müden Mann, der einen wesentlichen Anteil an der zürcherischen Dialektdichtung hat, zu Grab. Allein nur wenige Leute gingen hinter dem ungeschmückten Sarge her, die Grabrede war kurz und durch die kantonalen Blätter ging die trockene Notiz: „In Bettsweil-Bärentsweil ist der Volksdichter Jakob Stutz gestorben"; manche schwiegen ganz über denselben.

Dennoch hat der Volksdichter Jakob Stutz das Wesen zu einem Dichter in höherem Grad besessen als Dutzende, deren Namen mit gesperrter Schrift in unsern Literaturgeschichten stehen. Aus den Tiefen des oberländischen Volkslebens hat er mit dem Quellenrütlein seiner poetischen Kraft einen vollen Brunnen der Poesie ans Tageslicht geleitet, an dem unsere unverbildeten Jungen und Alten und namentlich auch das Landvolk noch heut mit innigem Vergnügen trinken, obwohl uns bereits ein halbes Jahrhundert von der Zeit trennt, da Stutz sein Bestes schuf.

Doch es liegt ein Fluch auf dem Leben dieses Manns. Wie Usteri's Gedichte gehoben und getragen sind von der

---

*) Quellen: Gemälde aus dem Volksleben 6. Bände. Sieben mal sieben Jahre. Ernste und heitere Bilder. Mündliche Mitteilungen.

edlen Gestalt des Dichters selbst, durch die Kraft der Liebe und reiner Humanität, die sein Charakter lebenslang auszeichnet, so hängt sich an diejenigen von Jakob Stutz der Ballast eines verfehlten Lebens, das man nur bruchstückweise mitteilen kann. Der Rest ist Stillesein aus Pietät. Darum hat sein Dichterruf kaum je über die engen Grenzen seiner Heimat hinauszubringen vermocht, obwohl er zu guter Stunde das Wesen des oberländischen Völkleins, seine kleine Welt und sein Dorfleben mit den Augen eines Hellsehers beobachtet und mit der Feder eines fein beobachtenden Realisten dargestellt hat.

Stutz ist mit jeder Faser seines Herzens und seiner Poesie ein Sohn des Zürcheroberlands, jener grünen, anmutigen Berggegend zwischen dem Toggenburg und dem Tal der Glatt, welche mit ihren dunkeln Waldkuppen, ihren schönen Weiden, saubern Dörfern und geschindelten Häusern an die landschaftlichen Reize des Appenzellerlandes erinnert. Das Völklein, welches seine Matten und Aecker bebaut oder das Weberschifflein schwingt, ist fröhlich, mutterwitzig, praktischen und häuslichen Sinns und von hellem Verstand, der indessen unter dem Druck kleinlicher Verhältnisse manchmal auch in Schlauheit, Kniffigkeit und Pfiffigkeit ausartet oder sich in dorfpolitischen Reibereien und Nachbarstreitigkeiten verzehrt, häufiger jedoch in gemeinnützigen Werken sehr Erfreuliches und Tüchtiges leistet. Dazu ist diesem Völklein ein solcher Hang zum Singen und Dichten eigen, daß es in den oberländischen Dörfern kaum ein Dach gibt, unter dem nicht schon gute oder schlechte Verse gedichtet worden wären, kaum eine Stube, in der nicht von Alters her eine Guitarre oder sonst ein einfaches Musikinstrument an der Wand hinge, um nach Feierabend oder an den Sonntagnachmittagen gespielt zu werden.

Mit den Eindrücken dieses Volkslebens hat sich Stutz so gesättigt, seine Vorstellungswelt, sein Fühlen und Denken so innig mit der Vorstellungswelt, dem Fühlen und Denken dieses Volksschlages verknüpft, daß der Lokalton in seinen Gedichten noch lebhafter als in denjenigen Hebels aufgetragen ist, daß man um ihrer Bodenwüchsigkeit und Heimatkräftigkeit willen selbst das Oberland einigermaßen kennen muß, um sie vollständig zu genießen.

Man hat vielfach — und nicht mit Unrecht — gegen manche dieser Gedichte den Vorwurf erhoben, daß sie das oberländische Volksleben nur in Karrikaturen schildern, in denen Stutz den geistigen Horizont seiner Landleute künstlich verengert habe, um ihre humoristische Wirkung zu erhöhen. Doch wäre es falsch, dieses Urteil durch einen Hinweis auf den jetzigen Bildungs- und Kulturzustand des Oberlandes stützen zu wollen, denn in den sechzig Jahren, seit Stutz seine ersten „Gemälde aus dem Volksleben" schrieb, hat sich im Oberland durch die Einführung der obligatorischen Volksschule, die zahlreichen Ansiedelungen der Industrie, durch die Anlegung von drei Schienenwegen eine fast vollständige Revolution des Erwerbslebens, und damit des Volkslebens vollzogen, so daß es in der Tat nur noch wenige jener von Stutz meisterhaft portraitirten Leute gibt, die an ihrem Geburtsorte alt geworden sind, ohne ihn je verlassen zu haben.

Geboren wurde Jakob Stutz am 29. November 1801 als neuntes Kind einer armen Bauernfamilie zu Isikon bei Hittnau und seinem Vaterhaus mit den runden, bleigefaßten Scheiben, mit den braunen Fällläden und dem Taubenschlag unterm Giebel, mit dem nahen Bach und Weiher, hat er in seinem schönen Gedicht: „Blumen aus der Heimat" ein reizendes Andenken gestiftet.

Eine harte Jugendzeit hat Stutz verhindert, auch Naturdichter zu werden, wie er Dichter des Volkslebens wurde, denn der Frühling bedeutete ihm nicht ein glückliches Schweifen durch Feld und Flur, sondern strenge Arbeit am Pflug; die leisen Morgenwinde, der perlende Tau waren ihm, der bis zum zwanzigsten Jahre barfuß ging, häßliche Naturerscheinungen, sie durchwehten und durchnäßten sein elendes Kleid, so daß er fror. So gewöhnte er sich, an der Natur meistens nur das Unangenehme zu sehen, und hat in seinen Schriften darum auch selten die reinen Naturklänge gefunden.

Doch hat ihn, wie Robert Burns, den schottischen Volksdichter, die Muse beim Pflug auf freiem Felde überrascht. Nachdem er schon im 12. Jahre seine Mutter und bald darauf seinen Vater verloren hatte, wurde er bei einem ältern, hartherzigen Bruder, dann bei Verwandten in der Mühle zu Balchistall, in der Nähe von Hittnau, Knechtlein und „Männebub". Als solcher hörte er im Jahr 1817 von einem herumziehenden Bettelknaben ein Gedicht auf die damalige Teuerung, und dieses machte auf den intelligenten und gefühlvollen Knaben, dessen Seele schon früher beim Anhören alter Volks- und Kirchenlieder in dichterische Schwingungen geraten war, einen solchen Eindruck, daß er sich sofort beim Ochsentrieb im Dichten versuchte:

> „Ihr Christen tut nur dieses
> Und rüefet Gott selbst an,
> Daß er uns bringe wieder
> Der Wein und auch das Korn.
>
> Ach denkt an Goldingen,
> Wie den letzten Heumonat
> Tut ein Berg zerspringen,
> Ach nehmt es wohl in Acht." —

„Dunders Bueb!" hagelte darauf der alte Joggeli-Heiri hinter dem Pfluge hervor, „worum tuesch's Mul nüd uf und redsch nüd mit de Stiere?" — Allein in dieser Stunde war der junge Bauernknecht zum Dichter geworden und ist ein Dichter geblieben sein Leben lang.

Es scheint übrigens, daß etwas Poetenblut in der ganzen Stutz'schen Familie lag, denn, noch früher als seine eigenen Gedichte, hat der Dichter eine Sammlung schriftdeutscher Reime seiner ältern Schwester, Katharina Stutz, unter dem Titel: „Gedichte eines einfachen Landmädchens", herausgegeben, die, wenn auch nicht besser, so doch nicht schlechter sind, als was sich manche Schülerinnen höherer weiblicher Bildungsanstalten in Poesie zu Gute tun. Ganz artig sind zum Beispiel folgende Strophen aus einem Frühlingslied der Dichterin:

> „Wie prangt Natur in holder Pracht
> Im neuen Frühlingskleide,
> Was ich erblicke um mich her,
> Erfüllt mein Herz mit Freude.
>
> Die Quelle rauscht durch's junge Grün
> So klar und rein hinunter,
> Und kleine Fischlein schwimmen drin
> So lustig und so munter.
>
> Und Kinder hüpfen sorgenlos
> Durch blumenreiche Auen
> Und lauschen still an Hecken hin,
> Ob Vöglein Nester bauen." —

Wie unbeholfen Stutz'ens erste Versuche waren und bei seiner dürftigen Bildung sein mußten, so erregten sie, besonders als einige davon gedruckt wurden, doch in seiner Heimat bedeutendes Aufsehen, so daß der Pfarrer von Hittnau den Burschen in sein Haus aufnahm und ihm eine Zeit lang unentgeltlichen Unterricht erteilte; indes wurde Stutz, dessen ungelenkes Wesen im Pfarrhaus mancherlei Anstoß erregte, bald wieder Handweber und Spinner und gab sich dem „Aufrichten" von Liedern auf's Neue hin.

Da er aus religiösen Gründen den Militärdienst verabscheute, nahm er, um diesem zu entgehen, eine Hausknechtstelle in Zürich an, kehrte jedoch nach einiger Zeit in die Heimat zurück.

In Pfarrer Salomon Tobler zu Sternenberg, dem Dichter des herrlichen Epos: „Die Enkel Winkelrieds", und in Pfarrer Schweizer zu Wyla fand nun der junge Poet zwei aufrichtige Gönner, welche ihn durch einen freundlich ermunternden Umgang und durch Darbietung geeigneter Lektüre weiterbildeten.

So las Stutz die Volksschriften Christoph Schmied's, den „Heinrich von Eichenfels", die „Ostereier", dann Matthisons und Salis' Gedichte, Hallers „Alpen" und endlich kamen ihm auch Hebel's „alemannische Gedichte" in die Hand; doch nur langsam rang sich der junge Mann, der nachher selber ein so bedeutender alemannischer Dichter geworden ist, zum Verständniß derselben durch.

Von seinen eigenen Gedichten, deren er Stoß auf Stoß häufte, kam durch die Vermittelung der beiden Freunde auch ein Heft dem damaligen Leiter des Blindeninstituts in Zürich, Thomas Scherr, zu Gesicht, und dieser tüchtige Mann, der selbst ein liebenswürdiger Dichter war, berief, auf das Talent aufmerksam geworden, denselben im Frühjahr 1827 als Arbeitslehrer an seine Anstalt.

Auf der Grundlage einer sorgenfreien Lebensstellung und genügender Mußezeit befruchtete sich Stutz'ens Poesie an tüchtigen Literaturstudien; doch wandte er sich in mancher seiner stillen Stunden in einer Anwandlung von Heimweh den Bildern seiner eigenen Vergangenheit zu und in dieser Stimmung quollen ihm seine ersten mundartlichen Gedichte — Bilder aus dem Volksleben der Heimat — aus der Seele auf. So sind diese schlichten ersten Poesien Stutz'ens, wie Hebels alemannische Gedichte, Blumen, aufgegangen in dem heimwehseligen Gemüt eines Bergsohnes.

Das erste derselben, ein Gespräch: „Heiri und Beeteli", erschien anonym im Zürcher-Kalender von 1829, fand vielen Beifall zu Stadt und Land, und im Jahr 1831 ging unter dem Titel: „Gemälde aus dem Volksleben, nach der Natur aufgenommen und treu dargestellt in gereimten Gesprächen, Zürchermundart", ebenfalls anonym das erste Bändchen von Stutz'ens Gedichten in die Welt.

Diese Gemälde aus dem Volksleben erregten Aufsehen, man fühlte, daß man in denselben ein ursprüngliches, durchaus eigenartiges Talent vor sich habe, die Gedichte packten ebenso sehr durch die Treue, mit welcher sie das Volksleben schilderten, als durch ihren Alles bezwingenden, humoristischen Gehalt und es regnete Aufmunterungen für den unbekannten Volksdichter.

Nur im Oberland war man wenig erbaut von den Leistungen desselben. Mit jener natürlichen Scham, die uns überkommt, wenn uns Jemand zufällig in die hinterste Herzfalte blickt und dieser Jemand die Bosheit besitzt, was er dort gesehen, der großen Welt auszuplaudern, wandte sich das Völklein des Oberlandes gegen Stutz, der seine Urheberschaft nicht lange geheim halten konnte. Es fühlte aus seinen Gedichten heraus einen unbarmherzigen Verrat an seinem Volkstum, eine mitleidlose Blosstellung aller seiner Heimlichkeiten, und wie einst die Leute des Wiesentals Joh. Peter Hebel, den Professor in Karlsruhe, für seine alemannischen Lieder Arme und Beine abzuschlagen drohten, so ballte sich auch im Oberland manche Faust gegen den Urheber der „Gemälde aus dem Volksleben". Allein während sich die Abneigung der Leute im Wiesental bald in eine warme Sympathie für ihren alemannischen Sänger verwandelte, so daß nun fast in allen Bauernstuben Hebel's Bildnis hängt, fast jedes Dorf sein Hebelwäldchen oder seine Hebelhöhe hat, jedes Wirtshaus es meldet, wenn der gemütliche Dichter einmal in demselben eingekehrt, so hat sich die Volksmeinung des Oberlandes bis auf den heutigen Tag mit Stutz nie ganz versöhnen können, obwohl die Oberländer der Gegenwart mit ihrem Handels- und Industrieleben, das ihren Blick so sehr geweitet, sich von Stutz'ens Gemälden kaum noch getroffen fühlen können.

Allerdings fehlt diesen Dichtungen jenes versöhnende Wesen, das die Hebel'schen Gedichte durchwärmt, jener Hauch der Pietät und inniglichen Liebe, jenes verklärende Licht der aus einem warmen Menschenherzen dringenden Poesie, ja, es ist merkwürdig, wie Stutz, der das Oberland und den oberländischen Volksstamm über Alles geliebt, in allen seinen Gedichten mit kaum einem Zug subjektiven Empfindens die Angehörigkeit zu diesem Land und Stamm verraten, und wie er gleichsam mit dem kalten Blick und der kalten Objektivität eines ethnographischen Forschers, seine Heimat und sein Volk in die Gemälde hineingezeichnet hat.

Wenn wir die Worte, in denen Göthe das Wesen der Dichtung umschreibt: „Die wahre Poesie kündet sich dadurch an, daß sie als ein weltliches Evangelium, durch innere Heiterkeit, durch äußeres Behagen, uns von den irdischen Lasten zu befreien weiß, die uns drücken", auf Stutz'ens Dichtungen anwenden, dann fällt allerdings nur eine kleine Zahl derselben in den Bereich des eigentlich dichterischen Schaffens.

Stutz ist ein völliger Naturalist, eine Jeremias-Gotthelf-Natur, die den berühmten Berner Schriftsteller an derbem Realismus und an einer fast verletzenden Objektivität erreicht hat, ohne zugleich auch das wahrhaft geistbefreiende Element, das in den besten Schöpfungen des Romandichters atmet, in seine Gemälde hineinhauchen zu können. Er ist in denselben ein Maler, der mit der Treue eines Photographen, aber auch ohne jede künstlerische Retouche arbeitet, wie das kleine Gedicht: „Kinderzucht" belegen mag:

Muetter:
„Lueg Chind! so gwüß daß d' noh emol gohjt
Und wieder uf de Bank uestohst,

Und s'Annerägeli noh mol fchlohft,
Und d'eißig vo.fim Öpfel woft,
Und s'Süenli wieder ufe lohft,
Und d'Chatz chlübft und i d'Auge bloft,
Denn hau i di, fo wohr, als d'Stitze do ftoht,
Bis d' Löcher und Büüler häft und meinft du feift tod.
So leid mueßt nüd werde, wie ander Lüt find,
J will di fcho gwönne, du Sundfudchind!
Und wenn d'nid grad recht tueft, fo jag di i= Bett,
Beb d'Sänd z'fämme, hurtig, hock abe und bät!"

Das ift nun allerdings ein Realismus, vor dem die Grazien in wilde Flucht geraten. Stutz hat uns hier, um einen Ausdruck des verdienten Literaturhiftorikers J. E. Morikofer auf ihn anzuwenden, „ftatt wie Hebel die reine und fittliche Natur des Volkes in aller Einfachheit darzustellen, die rohe, zufällige Natürlichkeit nackt und unkünftlerifch vorgeführt".

Allein diefe Schwäche der Poefie Stutz'ens ift zugleich ihr großer Vorzug, welche diefelbe über eine Menge anderer mundartlicher und fchriftdeutfcher Erzeugniffe emporhebt, deren Verfaffer, eine Art fchriftftellerifcher Salontyroler, uns glauben machen wollen, daß unter den Landleuten nur Liebe und Güte, Frieden und Unfchuld, Treue und Geradheit herrfchen, ein Bauerndörfchen eine Art unentweihtes Paradies fei, wo die Philofophen haufenweife im Kittel einherwandeln und fich fortwährend eine Sonntagsftimmung über das Leben breite. Stutz fchildert das Volksleben wahr und unbefangen; ältere Oberländer beftätigen felber, daß es vor fünfzig oder fechszig Jahren im Oberland fo drollige, befchränkte Leute noch in Menge gab, wie der Dichter fie oft mit feinen Zügen fchildert. Nicht im Wefen des Volkes hat er fich vergriffen, fondern nur in einem Mangel künftlerifchen Sinns darin gefehlt, daß er jede Regung der Volksfeele, ohne auf ihren ethischen oder poetischen Gehalt zu achten, für Poesie hielt, ja, von einem Zug zum Gemeinen beherrscht, mit Vorliebe das Engherzige, Närrische, das dem Volksleben anhaftet, zur Darstellung gebracht hat.

Hier bot sich ihm die Gelegenheit, die stärkste Kraft seiner poetischen Begabung zu bewähren, einen meisterlichen Humor, der selbst diejenigen zu Stutzens Lesern werden läßt, die sich von seinem Naturalismus abgestoßen fühlen, einen Humor, der heute noch auf weite Volkskreise einen fesselnden Reiz ausübt und wenigstens in den bessern Stutze'schen Dichtungen nicht künstlich in den Stoff hineingetragen, sondern mit feinem Sinn dem Volksleben selber abgelauscht ist.

So galt zur Zeit, als der erste Band der Gemälde aus dem Volksleben erschien, das Gespräch: „S' Züseli hät 's Wohrechristetum verzehrt", das durch die damalige Volksbewegung gegen die Hierarchie ein gewisses politisches Relief erhielt, als ein Meisterstück humoristischer Dichtung und es sei hier wenigstens die besonders gelungene zweite Hälfte desselben zitiert:

Heiri und Chasperli:
„S'Züseli hät s'Wohrechristetum verzehrt."

Vater:
„Was, was häts? — s'Wohrechristetum verzehrt? —
Wo ist das Hundsvudchind? — ich wills lehre
Go ge d'Bücher verzehre.
Wo händ er das Buech? — Gib's Chasperli!
(er bringt dasselbe, der Vater durchblättert es)
Das ist e großi Strof! wie gseht das Wohrechristetum dri!
Meh as zeh Bletter sind drußuse;
Und Mose hät's, gwüß zum Gruse.
Nei, daß i au nid früchner cho bi!
Alles ist verrisse! D'Nächsteliebe,
Wohri Frömmigkeit, Demut und d'Eintracht,

Alles verzehrt und voll Mose gmacht.
Und wie's über d'Regente-n-ie Slecke g'gäh hät!
Das ist e Strof, wie das Blatt usgset.
D'Verlümdig, der Eigennutz und d'Herrschsucht sind
no ganz,
Aber de Landsfriede hät en Schranz.
Ach, min Gott und Vater! Wie gscht's da ase dri,
Er hebet nu na eme Sädeli
Gib dei e chli Schlichti, i wille z'sämmechläube.
Geistliche Anfechtungen sind no do
Zank und Uneinigkeit hebed au noh.
Aber was mi das Chind chönnt vertäube; —
Gend d'Ruete-n-ih will em defür geh."

Chasperli (weinend):

„Jetzt hä mer kei Wohrechristetum meh."

Das schönste Gedicht des ersten Bandes der Gemälde aus dem Volksleben und überhaupt eines der schönsten von Stutz ist „Die neidische Chlephe", worin er, sich selbst übertreffend, auch dem sittlichen Gehalt des Volkslebens gerecht geworden ist, indem er die „Nagleri" in einem Drang ächt bäuerlicher Nächstenliebe der „Chlephe", die übel über sie geredet, einen Korb voll Obst bringen läßt, ein Bild, das eben so treu als voll würzigen Humores ist.

Neben der starken realistischen Kraft und dem von jeder Sentimentalität freien Humor ist die Art und Weise, wie Stutz die Sprache behandelt, seine kurze, knappe, bäuerlich kernhafte Mundart, wie sie unverfälscht aus dem Volksleben des Oberlands selber hervorquillt, ein besonderer Vorzug seiner Dichtungen. Sie sind Fundgruben jener treffenden, volkstümlichen Ausdrücke, welche, einen Gegenstand nennend, ihn auch charakterisieren, jener dem Schriftdeutschen fremden Jdiotismen, die eine besondere Schönheit unserer Mund=art, aber leider auch im Aussterben begriffen sind. Kein anderer zürcherischer Dialektdichter mit Ausnahme Jakob

Senn's, Stutz'ens Schüler, hat in seinen Dichtungen die geistige Eigenart, ich möchte sagen den spezifischen Metallklang des Zürichdeutschen so stark und rein zum Ausdruck gebracht wie er, und dieses Bodenkräftige seiner Sprache gibt vereint mit der Treue der Bilder, seinen Gemälden eine solche Heimatstärke, daß er in dieser Hinsicht zu den bedeutendsten aller Dialektdichter gehört.

Im Spätherbst 1832 erschien ein zweiter Band der Gemälde aus dem Volksleben, dann erst noch in raschern, später in langsamern Zwischenräumen bis zum Jahr 1863 noch vier Sammlungen, welche keine wesentlich neuen Züge zur Charakteristik des Dichters boten; doch hat er im zweiten Band mit dem „dramatischen Gemälde": „Kriegsjammer oder de Heiri mueß ge Basel", durch die Einführung der dramatischen Scene in die zürcherische mundartliche Dichtung diese um ein neues Feld bereichert.

Dramen im vollen Sinn des Wortes sind nun freilich weder dieser „Kriegsjammer" noch die spätern dramatischen Stücke Stutz'ens, denn es fehlt ihnen der dramatische Nerv, das den Gesetzen der dramatischen Kunst gemäße Verknoten und Lösen der Handlung, sondern sie sind, wie es ja auch das Wesen der Mundart kaum anders gestattet, aneinandergereihte, dramatische Scenen, lose aneinandergefügte Episoden, welche nur durch die auftretenden Personen eine Einheit erlangen und mehr durch den ihnen eigenen Humor als eine spannende Handlung den Leser oder Hörer fesseln. Dennoch sind Stutz'ens dramatische Stücke heute noch nicht von den zürcherischen Dilettantenbühnen verschwunden.

Im zweiten Band der Gemälde aus dem Volksleben ist auch jenes hübsche Gedicht „Der Unzufriedene", das, als eine der besten Leistungen Stutz'ens, zwar in viele Sammlungen poetischer Musterstücke übergegangen ist, als solche aber auch hier ihr Plätzchen finden soll:

„Es hät's doch au kei Mensch ä so
Uff dere Welt wie·n·ich,
Ih hä's scho allwäg z'Hande gno
Und wirde doch nüd rich.

Und meine doch, ih husi au,
Sä viel i immer cha.
Und was i gseh, sind d'Kind und d'Frau
Bim Grüsse bständig dra.

Und wot's nüd ge und wot's nüd ge,
Was das au tusig's sei?
Wie mueß is denn au z'Hande neh?
S' ist doch ke Hexerei.

Wie mengem Alls am Schnüerli goht!
Und ich, ihr liebe Lüt!
Mueß huse, werche, früh und spot,
Und chumme doch zu nüt.

Ach, s'Große Mary, de hät jetz scho
En Stier und zwo, drei Chüeh.
Und ich zwei Geißli, Jeger o!
Au gar keis öppedie.

Und 's Gigers Heiri uf der Hof
Hät gwüß scho Säck voll Geld.
Nei, 's ist doch au e großi Strof,
Daß so ist uf der Welt!

Daß mänge dumm eifältig Tropf
Dei cha zu öppis cho.
Und mänge gschide, witzig Chopf
Mueß hine·n·abe goh.

Und 's Friedlis Hans im Mätteli
Hät gester Hauptmä g'ge
Und ich bi nu de Váledi,
Mi Frau 's Chliheiris Vree.

Ach, daß i au so ungschickt bi
Und nüt so mache cha!
Mueß i denn au mi Lebtig si
Ae so en gstrofte Ma?

> Doch fang i wider neuli a,
> Will hufe früeh und spot,
> Und alli Bitzli z'sämme ha,
> Daß doch nüt z'nüte goht.
>
> Denn git's es scho, es Säßli Chorn
> Macht z'letzt es Viertel us.
> Es Räppli hüt, es Räppli morn,
> Git z'letzt en Guldi drus.
>
> Denn gib i no en riche Ma,
> Wenn's ase goht, wie's sött.
> Denn wot ih alles schöner ha,
> Ach, wenn ih's nu scho hätt."

Im zweiten Band ist ferner auch die reizende, dramatisch gehaltene Erzählung „'s Storchenegg Anneli", worin ein Landkind seine verwunderten Eltern mit den Eindrücken eines ersten Besuches in der Stadt unterhält. Mit hinreißendem Humor geschrieben, hat dieses Stück dem Dichter die Herzen von hundert und hundert Kindern erschlossen und neben einigen andern schönen Gedichten von Stutz, wird dieses seinen Namen durch den dankbaren Kindermund noch fortpflanzen in die folgenden Jahrhunderte. Er hat keinen glücklichern Griff getan.

Der dritte Band der Gemälde ist ausgefüllt durch den „Brand von Uster oder die Folgen verabsäumter Volksaufklärung in Wort und Tat, ein Zeitgemälde". In demselben versucht der Verfasser eine poetische Rechtfertigung oder wenigstens Entschuldigung seiner Landsleute, welche aus Furcht, durch die Einführung der Maschinenindustrie ihren Broterwerb zu verlieren, am 22. November 1832 in Uster ein Fabrikgebäude in Flammen gesteckt hatten, und dessen Anführer zu harten Geld- und Gefängnisstrafen verurteilt worden waren. In vier bramatisch gehaltenen Stücken: „Die Spinnstube", „Die Webestube",

„Fabrikantennot" und „Zerstörungswut" legt er die Lage der Oberländer in den Jahren 1807, 1814, 1824 und 1830—32 dar und entwickelt daraus den Gedanken, daß die gebildeten Regenten in der Stadt durch das Versäumnis der Volksaufklärung auch einen Teil der Schuld an dem unglücklichen Ereignis tragen.

Diese umfangreiche Arbeit hat den Wert eines mit der gründlichsten Kenntnis des Volkslebens gezeichneten Culturbildes aus dem ersten Drittel unseres Jahrhunderts und ist namentlich in der „Spinnstube" reich an humoristischem Gehalt und lebhaft wirkenden Scenen; doch haben dieser Humor und diese Scenen oft etwas über das gesunde Maß hinausgehendes Groteskes an sich.

Schon beim Erscheinen dieses Bändchens, noch mehr aber, als Stutz die folgenden drei „Gemälde aus dem Volksleben" herausgab, gewann man in seinem Leserkreis die Ueberzeugung, daß der oberländische Poet sich ausgeschrieben, ja überschrieben habe, und in der Tat atmen diese spätern mundartlichen Schöpfungen weder die Frische und Unmittelbarkeit der ersten, noch bringen sie irgendwo neue Züge des oberländischen Volkstreibens zur Darstellung, sondern seine ältern Themata in etwas veränderten Gruppirungen wieder aufnehmend, suchte Stutz darin durch noch schärfere Zeichnung und markantere Ausprägung des Drolligen, Beschränkten im Volksleben die Lachlust seiner Leser zu gewinnen. So geriet er in Inhalt und Sprache seiner späteren Dichtungen in Karrikaturen hinein, durch welche die Abneigung der Oberländer gegen ihn eine gewisse Rechtfertigung erhielt. Eine Vergleichung des „Storchenegg Anneli" im zweiten Band mit „Storchenegg Annelis zweitem Besuch in der Stadt" im sechsten Band legt den ungünstigen Unterschied zwischen Stutz'ens früherm und späterm Dichten besonders klar.

Der eng umgrenzte Stoffkreis des oberländischen Volkslebens, innerhalb dessen sich die Poesie Stutz'ens bewegte, reichte für ein so fruchtbares und langes Dichterleben wie das seine nicht aus, seine dürftige Bildung gab ihm die Freiheit nicht, mit Glück nach andern Gebieten überzugreifen, und so erlebte er das Traurige eines Dichterdaseins in absteigender Linie.

Auch Stutz'ens äußeres Schicksal hat einen starken tragischen Zug. Weder seinem ersten Verleger, David Bürkli, der den werdenden Dichter, die damaligen und jetzigen Zürcherverlagsverhältnisse in Berücksichtigung gezogen, außerordentlich honorirte, noch seinem väterlichen Freunde, Thomas Scherr, vermochte er Treue zu halten, sondern wandte sich bald ohne Gründe von ihnen ab. Nachdem der letztere vom Blindeninstitut zu Zürich an das Lehrerseminar zu Küsnacht übergetreten war, wurde Stutz im Jahr 1836 Lehrer an einer Privaterziehungsanstalt zu Schwellbrunn im Appenzellerland und als Frucht dieses Aufenthalts erschienen 1841 die „Winterabende in Schwellbrunn", eine Sammlung dramatischer Spiele für Kinder und Erwachsene. Doch im Herbst 1841 führte ihn das Heimweh nach den Oberlandsbergen und ihrem Völklein in die Heimat zurück und einem phantastischen, aber tief in seinem Wesen begründeten Hang zur Einsamkeit nachgebend, ließ er sich auf dem Heimwesen einer verwittweten Schwester zu Matt bei Sternenberg eine Klause bauen.

Hier in seinem „Jakobszell" lebte er anderthalb Jahrzehnte lang als Einsiedler in eine Mönchskutte gekleidet vor einem mit ewigem Licht und Todtenschädel ausgestatteten Altar. Die Pflege eines Gärtchens, worin er das mit einem kleinen Denkmal gezierte Grab eines Vögelchens, zum großen Aerger der frommen Sternenberger unter religiösen Ceremonien hegte, Dichterträume, religiöse Betrachtungen und philantropische Versuche mit ein paar Jünglingen von Sternenberg, die das allgemeine Mißtrauen gegen ihn nicht teilten, sowie die Gründung einer oberländischen Dichterschule füllten das Leben des seltsamen Heiligen aus, der seine Arbeiten am liebsten im Mondschein der Mitternacht schrieb.

Gemeinsam mit den Zöglingen seiner Dichterschule, unter denen Jakob Messikommer von Stegen-Wetzikon später als Antiquar und Altertumsforscher einen weit über seine Heimat hinausreichenden Ruf erlangte, während Jakob Senn aus Fischental und Joh. Ulrich Furrer aus Sternenberg, beachtenswerte zürcherisch-mundartliche Sänger wurden, gab er vom Jahr 1850 an eine Zeitschrift: „**Ernste und heitere Bilder aus dem Leben des Volkes**" heraus.

Außerdem schrieb Stutz in dieser Zeit unter dem Titel: „**Sieben Mal sieben Jahre aus meinem Leben**" eine Art Selbstschau, welche vielleicht sein bedeutendstes Werk ist und den Zweck seiner Gemälde, weitern Kreisen eine Kenntnis des oberländischen Volkslebens zu vermitteln, in höherem Grade erreicht hat, als diese selbst.

Besonders wertvoll sind darin die Einlagen alter balladenartiger Volkslieder, wie sie zu seiner Jugendzeit noch im Volksmunde lebten. Doch muß zu denselben, wie auch zu den etwas spärlicher in seine Dichtungen eingelegten, bemerkt werden, daß sie, wo das Gedächtnis Stutz nicht treu war und manchmal auch aus bloßem Eigenwillen des Dichters, von ihm Umdichtungen und Ergänzungen erfahren haben.

Trotzdem Stutz in seinen „Sieben Mal Sieben Jahren" nicht von Selbstbespiegelung und Vertuschungen freigesprochen werden darf, so kann man doch das Buch, das lebhaft an die einst weitverbreitete Volksschrift: „Der arme Mann aus dem Tockenburg", ja, ohne ihn an psychologischer Tiefe und Schönheit der Darstellung zu erreichen, an den ersten Teil des berühmten Gottfried Keller'schen Romans: „Der grüne Heinrich" erinnert, nicht lesen, ohne daß sich einem die

Ueberzeugung aufdrängt, daß Stutz die Anlagen zu einem vollen, ächten Dichter besaß, und ohne inniges Bedauern, daß eine ungenügende Gemütsbildung und mangelnde Selbstzucht diesen Dichter zu Fall gebracht hat.

Eine ganz niedere moralische Verirrung — doch überschlagen wir dieses Kapitel — genug, Ende der Fünfziger Jahre war Stutz ein gerichteter, verachteter Mann. Zwanzig Jahre lang trug er diesen Fluch und hat hart gebüßt für eine kurze Schuld.

Sein Lebensende verbrachte der gefallene Dichtergreis bei einer ihm verwandten Familie zu Bettsweil-Bärentsweil, welche sich mit einer humanen Behandlung des alten Mannes, dem die Volksgenossen wegen seiner Gedichte, wegen seines originellen Wesens und wegen seiner Selbstverschuldung wenig Anteil entgegenbrachten, einen Gotteslohn um ihn erwarb.

Einige spärliche Freunde waren Stutz in der Einöde des Alters dennoch geblieben, und für ihre Teilnahme zeigte er sich stets unendlich dankbar.

„Rührend war es", so versicherte mich einer dieser Freunde, „welch ein Feuer in dem verblödenden Greis auflebte, wenn wir bei einer guten Flasche Wein auf seine Jugend oder sein Dichten zu sprechen kamen. Da flammte es in den tiefliegenden Augen des Alten wie Wetterschein, und wie ein Rhapsode der Vorzeit sprach er, von einem anfänglichen Murmeln bis zur ausdrucksvollsten Rezitation steigend, die vergessenen, nirgends aufgeschriebenen Volkslieder der heimischen Berge, bis ihn plötzlich bang und wild das Weh seines gebrochenen Daseins überkam, und die Tränen über sein gefurchtes Antlitz niederrieselten."

Stutz'ens schönstes Gedicht entstand, als er einmal an seinem Namenstag von seiner Schwester einen Kranz von Feldblumen erhielt, die auf den Aeckern und Wiesen seines Vaterhauses gewachsen waren. Es dürfte in der ganzen deutschen Literatur kaum ein Gedicht zu finden sein, das anschaulicher, gemütstiefer und rührender das Glück seliger Kindheit preist, als seine „Blumen aus der Heimat" mit dem wehmütigen Schluß:

„Blueme vo heime! Wärs mügli emol,
Blüeted er doch uf mim Grab!
Blibt mer en Stund, bis mis Stündli wird schlo,
Bitti, so setz mer und pflanz mer doch no
Blueme vo heime uf's Grab."

Der Wunsch des glühenden Dichterherzens ist erfüllt, Blumen der Heimat blühen mild und versöhnend über einem Leben voll Schuld und Sühne, über einem Dichterwallen, von dem im vollsten Sinn das Harfnerlied Göthe's gilt:

„Ihr führt ins Leben ihn hinein
Und laßt den Aermsten schuldig werden,
Dann überlaßt ihr ihn der Pein,
Denn alle Schuld rächt sich auf Erden."

Im Lauf der Jahre hat sich auch im Oberland das Urteil über Stutz gemildert und in vielen Hütten und Häusern dieser schönen Berggegend freut man sich jetzt seiner Werke.

August Corrodi.*)

> Züridütsch! Dich grüez i wider mit freudigem Herze.
> August Corrodi.

In dem städtisch verfeinerten Dialekt des gebildeten Bürgerhauses Zürichs, der auf Kosten seiner urwüchsigen Kraft sich eine gewisse Grazie erworben, hat Martin Usteri, in der kernhaft derben Sprache der Oberlandsberge Jakob Stutz dem Zürchervolk die Kränze der heimatlichen Poesie gewunden. Aus dem Dialekt Winterthurs quoll die mundartliche Dichtung August Corrodi's empor.

Der Klang dieses Dichternamens erinnert uns an den Wohllaut des Südens; aus dem Süden sind auch die Corrodi im Anfang des siebzehnten Jahrhunderts in Zürich eingewandert, haben aber das südländische Wesen bald abgelegt, sind Stadtbürger, Pfarrer und Maler, und wie die Sage geht, manchmal auch Käuze geworden.

Wie die Wurzeln von Usteri's Dichterleben, so gehen auch diejenigen des Corrodi'schen in das behäbige, gebildete Bürgerhaus Zürichs zurück. Dort wurde August Corrodi am 27. Januar 1827 in der Schipfe, jenem vom Rauch der Jahrhunderte geschwärzten Quartier zwischen Lindenhof und Limmat, geboren. Sein Vater, der damalige Pfarrer zu

---

*) Quellen: Corrodis Werke. Nekrolog der „Neuen Zürcher-Zeitung" 1885. Mündliche Mitteilungen.

Nitikon, siedelte indes schon im folgenden Jahre nach Töß über, wo der ehrwürdige, gütige Mann während mehr als vier Jahrzehnten in treuer Pflichterfüllung seinem Berufe lebte, und der kleine August im Sonnenschein eines ländlichen Natur-, Bauern- und Pfarrhauslebens seine Jugend zubrachte.

Wie Göthe so führt auch Corrodi seine poetische Ader auf seine Mutter zurück. Henriette Rahn war eine zarte, gemütvolle Frau, welche bei ihrem frühzeitigen Tod eine Anzahl tief empfundener, auch in der Form hübscher Gedichte hinterließ. Doch auch Corrodi's Vater besaß, wie es eine Reihe kleiner, von ihm herausgegebener Jugendschriften belegen, einen reichen Fond dichterischen Fühlens, und wie seine Pfarrkinder bezeugen, einen Zug sinnigen Humors, dessen fröhliche Wellen hin und wieder den Ernst seines Unterrichts auf die liebenswürdigste Weise unterbrachen.

Unter der zweiten Gattin des Pfarrers Corrodi, welche dem frühverwaisten Knaben eine überaus zärtliche Stiefmutter war, hatte das Pfarrhaus zu Töß weit und breit bei den Amtsgenossen und schöngeistigen Freunden des Pfarrers einen vorzüglichen Ruf als Stätte geistig gehobener Geselligkeit und leutseliger Gastfreundschaft. Dieses gesellschaftliche Leben regte in dem kleinen August, der das einzige Kind des Pfarrers war und blieb, die Gabe der Unterhaltung, des leichten Fassens und des Witzes mächtig an. Durch seinen fröhlichen, frohen Sinn, sein aufgewecktes Wesen und seine frischen, freien Liedervorträge wurde er der Liebling aller derer, welche im Pfarrhaus verkehrten, allein auch das „enfant gâté" desselben. Als solches verwandelte er, der durch ein Erbteil seiner Mutter mit einer seltsamen nervösen Reizbarkeit behaftet war, das ruhsame Idyll des elterlichen Heims nicht selten durch stürmische Ausbrüche seines trotzigen Sinns zu dramatisch bewegter Scene. Da die Eltern eben diese nervöse Eigenart schonten, so viel es ihnen möglich war, und seinen Launen, seinem Mutwillen den weitesten Spielraum gewährten, hatte Corrodi in seiner Jugend das seltene Glück einer im Guten und Schlimmen fast vollständig freien Entfaltung seiner geistigen Kräfte.

Im Dorfleben von Töß, das in der Jugendzeit des Dichters noch eine Ortschaft von unverwischt bäuerlichem Gepräge war und sich erst in den folgenden Jahrzehnten zu einem hübschen, lebhaften Industrieort entwickelte, fand Corrodi eine Reihe jener Gestalten, welche er in seinen Dichtungen dargestellt hat, im schönen Kreuzgang und in den halbdunkeln Hallen des alten, verlassenen Nonnenklosters, in dessen umgebauten Räumen jetzt ein Arbeiterbataillon an den Werkbänken steht, die Maschinen sausen, die Krahnen ächzen und nur noch der Klosterbrunnen von alter Romantik plaudert, befruchtete sich seine Phantasie und sein Sinn für das Märchenhafte, der so wunderlich durch seine Dichtungen zuckt und in den dunkeln Bergforsten, welche das Talbecken von Töß umkränzen, ging seinem Gemüt jene innige Liebe zur Natur und zum Wald im Besonderen auf, von dessen Duft, von dessen Kühle und spielenden Lichtern er sich in seiner Poesie nie hat trennen können.

In der Dorfschule trieb Corrodi Schabernack um Schabernack, im Gymnasium zu Winterthur und Zürich war er einer der kecksten Zöglinge, söhnte aber überall seine Lehrer durch seine glänzenden Talente und eine gewinnende Güte des Herzens aus.

Im Frühjahr 1845 schrieb sich August Corrodi als Student der Theologie an der Universität zu Zürich ein und folgte dabei einem Lieblingsgedanken seines Vaters, der in seinem Sohn ein neues Glied an jene lange Reihe von Pfarrherren fügen wollte, die aus dem Geschlecht der Corrodi hervorgegangen waren. Eine Weile schien es in der Tat, als ob das Studium der Theologie im Geiste August Corrodi's alle

andern Neigungen besiegt habe, doch bald teilten Faust und
Shakespeare mit den alten Kirchenvätern das Feld, der Theo=
logiestudent trieb Anatomie, zeichnete zuweilen auf Leinwand,
zuweilen auch ins Collegienheft und ein hochgewachsener,
schöner Mann mit blitzenden Augen und wallendem Haar,
begabt mit einer herrlichen Singstimme, mit einer humoristi=
schen, dichterischen Ader und hervorragendem Unterhaltungs=
talent, wurde er in den Strudel des akademischen Lebens
gezogen. Rasch schlug auch die junge Liebe den vor Lebens=
mut und Lebenskraft strahlenden Jüngling in ihre Bande,
so daß er schon im Herbst 1845 auf den Wunsch seines Vaters
das Universitätsstudium in Zürich an das stillere, strengere
in Basel tauschte. Dort begrub er in seinen ersten, weichlichen
Liedern seine erste Leidenschaft, doch bald auch im Studium
der Literatur dasjenige der Theologie, was den Eltern daheim
in Töß ein tiefes Herzeleid bereitete.

Aus einer Zeit geistiger Bedrängnis voll quälenden
Tastens und Suchens heraus rettete sich Corrodi nach München,
wo er, ähnlich wie Gottfried Keller, sich zum Maler auszubilden
gedachte und darüber zum Dichter wurde. Nach einigen
Jahren, während welcher Corrodi „zwischen den klassischen
Werken der Plastik und denen der Schrift lieblich abwechselnd",
ein anmutiges Leben führte, und die akademischen Freiheiten
in vollen Zügen genoß, kehrte Corrodi, im Glauben an sein
malerisches Talent tief erschüttert, in die Heimat zurück und
wurde im Jahre 1851 Dichter und Jugendschriftsteller.

In seinen Aufenthalten zwischen dem väterlichen Pfarr=
haus zu Töß und St. Gallen, das dem natursinnigen Künst=
ler wegen der Nähe der fröhlichen Appenzellerberge besonders
lieb war, ruhelos wechselnd und dabei den tiefern Sorgen
des Lebens mit dem Instinkt einer heitern Dichterseele aus
dem Wege gehend, lebte Corrodi nun zwölf Jahre lang, nur
sein Dichten und Schriftstellern zum Brotkorb, eine „jubel=

volle Zeit". So viele Jahre, so viele Bändchen Jugendschriften und dazwischen hinein „Reisebriefe aus der
Schweiz und Mailand" und die drei mundartlichen
Idyllen: „De Herr Professor", „De Herr Vikari",
und „De Herr Doktor". Doch fand er daneben auch noch
Muße genug, mit Viktor Scheffel, dem frischkecken Dichter des
„Ekkeharb" und launigen Sänger des „Gaudeamus", durch
die Berge des Appenzellerlandes zu schweifen, mit befreunde=
ten Musikern zu singen und je nach Stimmung die Feder
mit dem Zeichnungsstift zu vertauschen.

Feder und Zeichnungsstift! — Sie sind in Corrodis
Wesen in lebenslangem Widerstreit mit einander gelegen.
Wenn sie der Künstler auch hie und da in seinen Kinder=
schriften zu wirkungsvollem Zusammenarbeiten zwang und
seine illustrirten Kinderbücher, wie „Schloß Walbegg
und seine Bewohner" und „Deutsche Reime und
Rätsel" erst durch die Gestaltungskraft seiner zeichnenden
Hand zu besondern Lieblingen der Jugend geworden sind, so
war es doch für sein dichterisches Schaffen ein Verhängnis,
daß er ihm nie seine ganze Treue zugewandt, daß immer
wieder der Maler den Dichter an den einmal begonnenen Arbei=
ten störte und darum Corrodi nie das Geheimnis höchsten künst=
lerischen Schaffens, die Concentration auf eine Einheit, fand.

Dennoch gehören seine Jugend= und Waldschriften: „Dur
und Moll", „Ein Buch ohne Titel", Waldleben",
„Ernste Absichten", „Ferientage auf Onkels
Schloß", „Aus Wald und Feld", „Aus jungen
Tagen", neben dem vorgenannten „Schloß Walbegg und
seine Bewohner" zu den reizendsten Hervorbringungen dieser
Literaturgattung, denn aus ihnen spricht nicht die Reflexion,
sondern eine wunderbar üppige Phantasie voll schöpferischer
Fülle und ein geradezu elementares Naturgefühl zur Phan=
tasie und zum Gefühl des Lesers.

Jede der Jugendschriften Corrobi's ist ein Ritt ins „romantische Land", wo dem nüchternen Sinn der Atem ausgeht, der Zauber des Märchens selbst die todten Dinge beseelt, ein seltsamer Traumsinn aus Menschen- und Blumenaugen schaut, Heuschrecken Tagebücher schreiben, Kobolde und Mäusemütterlein ihr tollsinniges Wesen treiben, der schalkhafte Humor voll kindlicher Naivität im Gesträuche kichert, der Witz wie Sonnenfunken durch das Halbdunkel springt, bald nah, bald fern ein Narrenglöcklein klingelt.

Allein die Kinder, welche in der Märchenwelt und Märchenstimmung der Corrobi'schen Erzählungen bald mutwillig, bald holdselig gut, bald eigensinnig, immer aber kindlich schalten und walten, sind keine Märchengestalten, sondern Kinder wie sie zu Stadt und Land sich in allen Häusern finden, wahrhaftige, wirkliche Kinder voll realistischen Lebens, und diesen Realismus der Kinderwelt bringt er in den meisten dieser losen Geschichten mit der Romantik des Märchens so leicht und so natürlich in Verbindung, daß es der Leser selbst kaum merkt, wie er von der harten Scholle der Wirklichkeit mit feinem Ruck auf den Blumenteppich des Märchens hinübergleitet.

Jede dieser glücklichen Kinderidyllen ist zugleich auch ein Naturidyll voll wundersamen Duftes, denn Corrobi, der seine ersten „Lieder" (1853) Eichendorff, dem Sänger des deutschen Waldes, gewidmet, war einer jener Glücklichen, die es immerbar, in Jugend und Alter, in guten und in bösen Stunden, mit der Natur und besonders mit dem Wald gehalten, der ihm der beste Freund, die liebste Andachtskapelle und Trosteinsamkeit war.

"Wen jemals hat so recht durchfacht
Waldlebens stolze Wunderpracht
Im Wintersturm, im Lenzgeflüster,
Im Sonnenglanz, im Wetterdüster,

Weß Geist getreu vermag zu lauschen
Den tausend wunderlichen Klängen,
Dem Immentönen, Quellenrauschen,
Der Vögel bunten Wechselsängen.

— — — — — — — — —

— Reifere Schätze bringt er heim,
Als Mancher, der mit Reischaft
Auf Dampfesroß die Welt durchrast.

— — — — — — — — —

Der Tannenduft, so würzig rein,
heilt Balsam gleich. O, glaubts, ihr Lieben,
Erfahren ist, was da geschrieben "

Kaum ein anderer Dichter hat so wie Corrobi, der übrigens auch als kenntnisreicher Forscher der Natur und besonders ihrem Pflanzenleben nahe stand, in seinen Werken einen solchen Waldkultus von fast religiöser Innigkeit getrieben und durch das Medium eines scharfblickenden Künstlerauges die Gestalten desselben so liebevoll und treu in seine Idyllen hineingezeichnet.

„Blendend flimmert der Mittag über dem Hochwald; wie im Traume stehen die Tannen und müde rinnen die kargen Wellen des Baches durch die Schluchten und die Binsen der heißen Lichtung hinab."

So zeichnet er im ersten Satz seines „Waldlebens" mit wenig Worten und doch vollständig eine ganze Waldlandschaft.

Und treibt Corrobi die romantische Jugendlust auch hin und wieder über das künstlerische und für die Jugend wo'getane Maß hinaus und leiden seine Kinder- und Waldschriften manchmal an einer Corrobi eigentümlichen Zerfahrenheit der Composition, so verdienen sie doch wegen der Plastik ihrer Bilder und Scenen, der scharfbestimmten Charakterzeichnung, wegen des frischen, waldursprünglichen Tons und ihrer gesunden Tendenz, die Jugend zum Genuß der Natur, als dem Born der reinsten Freuden und des reinsten Lebensglückes hinzuführen, nicht das Schicksal des Vergessenseins, dem sie anheimgefallen sind; sondern wären es wert, daß ein rühriger Verleger sie auf's Neue in die Jugend verbreiten würde.

Die gleiche Stärke des Naturempfindens wie durch seine Jugend- und Waldschriften glutet durch seine „**Reisebriefe aus der Schweiz und Mailand**", welche im Jahr 1857 erschienen sind. Man kann dieses Buch nicht lesen, ohne daß sich einem die Brust mit einem tiefen Heimweh nach den Bergen füllt, denn da jauchzen in Schilderungen, welche nur ein Dichter schreiben konnte, der das Hochgebirge mit den Augen eines Malers sah, die Dithyramben auf die Bergwelt wie Sennenjodler, da rauscht's wie in den Alpen selbst von verborgenen Strömen des Lebens und blühen die Blumen der Bergweiden, die lieben, zarten in herrlicher Poesie.

Allein so bedeutend Corrobi's Kinder- und Reiseschriften sind, seinen Schriftsteller- und Dichternamen hat er sich doch zumeist durch seine Dialektstücke erworben. Sie sind Meisterleistungen der Volkszeichnung und entschädigen für jene der Gattung des Idylls nun einmal anhaftende Breite, sowie für einen gewissen Mangel an künstlerischer Oekonomie und Abrundung durch seine Psychologie der Gestalten und die plastische Kraft der Scenen.

Als erstes dieser Dialektstücke erschien 1857: „**De Herr Professer**", Idyll us em Züripiet."

Durch den Tannwald geht ein Professor auf seiner Ferien- und Forschungsreise.

„Luegen nu a vom Chopf bis zun Süeßen: es isch en Professer.
S'isch en Professer, luegen nu a, es fehlt si ke Tüpfli,
Und zwar eine von gschidere na; er treit der di ganz Welt
Underem chäfergarnierte Huet. De weiß der z'verzelle
Vo de Löcheren am Himmel, wo's e kei Sterne
Hät, und wo me cha hindereguggslen i d'Ebigkeit use,

Bis zum munzigste Würmli, wo imene Tröpfli Wasser
flotschet — — — — — — — — — — — — —"

Wie er aus dem Tann tritt, liegt die ganze Pracht des
von der Abendsonne beleuchteten Alpenkranzes vor ihm.

„— — — — — — — es stiigt em e liebi Erinnrig
Uf i sim Herze a fern. Zwar isches leider verfloge
Wie nen Rauch i der Luft: en englisches Meitli isch es gsy
Schön wie de Tag und stolz wie d'Sunn und gstechig wie Wyßdorn."

Gedankenvoll geht er, bis ein dahinflatternder Schmetter=
ling seinen Sammeleifer erregt, und er, denselben verfolgend,
durch einen Sturz in einen Graben

„Tüf i Brunnechreß, Bachbumbele, Brunnestrüttli"

den Fuß verstaucht. Doch die Hülfe ist nah;

„Würkli, e hei übli Hülf, wo da chunnt mit Gable und Reche!
Wie nes Vögeli liecht und se bruun wie eizügigs Huusbrot,
Chunnt us den Erle es Meitli fürre. — — — — chnület
Aben is Gras und büütet em d'Hand — — — — — —
— — — — — — und schlinggeten ufe ufs Troche."

An der Hand des Mädchens schleppt er sich ins Dorf,
wo er bei seinem Onkel „Kantonsrat" liebevolle Aufnahme
und Pflege findet, doch: „b'Rueh isch verbi".

„S'ist em uf eimal e gspäßigs Gsücht is Herz inne gschosse,
Stiftet em böse Verwirrig, — — — — — —
— — — — — verschwemmt em die fruchtbarste Grundsätz . . . .
Ja, da hämmer's halt wieder, das isch ja die uralt Lire, — —
Treisch du e Liebi im Herz, so überwucheret sie der
Alles im Schwick bis über de Chopf mit Rosen und Rose."

Doch während die Träume des Professors von Zukunft
und Hochzeitsreise nach einigen Wochen in dem Ausruf gipfeln:

„O Anneli, Anneli, das wird au sy, i därf nid dra denke"

hat bereits das Dorfgespräch von Anneli und dem Professor
drei Burschen des Dorfes, welche ihre Augen auf das liebliche
Mädchen gerichtet haben, aus ihrer Ruhe aufgetrieben, „'s
Heimgartners Chasper", „de Schloßbueb" und „de Stube=
huusheiri",

„— — — — en prächtige Kerl, er ist alliwil glüchlig,
Still und schüüch; aber z'friede — — — — — — —."

Während die andern beiden rohe Burschen sind und sich
dem Mädchen aufbrängen wollen, ist de „Stubehuusheiri"
voll scheuer Zurückhaltung, doch als die beiden erstern einmal
dem Mädchen den Weg versperren, da weicht diese Zurück=
haltung, „Heiri" eilt der Bedrohten zu Hülfe, und nachdem
er den Strauß mit den Beiden ehrenvoll bestanden,

„Da nimmt's em de Chopf i beed händ, schüttled en lustig und
Lueget en a mit der ganze Liebi. — — — — — —"

Wie es der Kantonsrat, der Onkel des Professors, kom=
men gesehen, die beiden Herzen finden sich; kaum aber ist
die Kunde ins Dorf gedrungen, so wandert

„Dunnen im Wald en einsame Ma mit der Botanisterbüchs
Surt und furt is Tal durab, hät d'Auge voll Wasser,
Triffschten a, so kennst e woll — es isch de Professer."

Im Jahr 1859 erschien „De Herr Vikari, e Winteribyll
usem Züripiet", um dessen einfache Fabel sich der Humor
Corrodi's in zierlichen Verbranken schlingt, durch dessen be=
haglich breite Anlage Gestalten voll psychologischer Wahrheit
und individuellen Lebens wandeln und sich ein reizendes Genre=
bild ans andere reiht.

Ein alter Pfarrherr ist ein ausgesprochener Feind alles
Neuen, duldet in seinem Haus nur Gellert's Fabeln und den
Kalender als Lektüre und kann sich erst in der äußersten Not
entschließen, einen Vikar in seine Familie aufzunehmen.

Darum hat dieser im Anfang im Pfarrhaus einen gar schwie=
rigen Stand, doch

„— — — — — — — er hät drei Töchtere gfunde
Mit ere seeleguete Mama, won erschröckli froh gsy
Sind, daß e neus Element i stattlicher, schöner Erschinig
Dur dä Vikari is suus cho ischt, und is balge und hueste
suesten und balgen en Abwechslig bbracht und au allerlei neus
grwüßt
sät us der Welt, us der Literatur, won au herrlichi Büecher
Bbracht hät us neuere Zite — — — — — — — — —."

So kommt es denn, daß Clara, die älteste der drei
Töchter, bald in Jean Paul's Werken schwärmt, Mary, die
zweitälteste, Eichendorff'sche Lieder singt und selbst die gute
Frau Pfarrerin im Verstohlenen A. Stifter liest.

Als der Pfarrer stirbt, wird der Vikar, ein Mann von
aufgeschlossenem Natursinn, literarischer Bildung und vor=
züglicher Predigergabe, die Stütze der Familie;

„Aber es ist eben en eigeni Sach mit dem tusigs Vikari.
Alliwil blibt er sie glichlich und tuet wien en eltere Brüeder,
Zeichnet e heini von Töchteren us, weder Clara no s'Mary
(S'Emmeli ist na es Chind) und doch hät d'Frau Pfarrer sichri
Bricht,
Daß er suscht i der Serni bstimmt na niene nüt liebs hät.
Derigs merkt me an Briefe wo chömmed; kei wiplichi Handschrift,
Nie na e gspißlets Couvert und na gar nie blüemleti Zeltli
Sind an Vikari igloffe, nu luuter männlichi Handschrift.
S'Mary hät's au scho probiert und mit listigem Ströglen und
Sörschle,
Was es im Sundament verstaht, de Vikar welle fange.
Aber s'ist Alles umsunst, de Vikar lueget so ehrli,
Lueget so offe i d'Welt und verrennt si so gar ekes bißli,
Ja daß me würkli mit Grund cha bezwiflen, er heb scho es Schätzli."

Darum lieben ihn die beiden Pfarrerstöchter, die, wenn
auch in ihrem Wesen ganz von einander verschieden, doch
sehr hübsch sind — Clara, die ältere:

„Staht fi der nid wie nes Eſchli da, eſo ſchlank und ſo zierli?
— — — — — — — — Gang ſuech mer es paar ſo
Glänzig poetiſchi Auge, ſo ſchwarz und ſo ſtill und ſo ſinned,
Suech mer es Gſichtli ſo fiin und lieblicher gformet as das da.
— — — — — — Und gſchau mer iez 's Schwöſterli Mary,
Grad e ſo ſchlank, nu es bitzeli chliner und voller as d'Schwöſter.
Aber es Queckſilberhexli voll Suür, Muetwillen und Poſſe,
het au die gliichligen Auge wie Clara, nu lüchted ſie anderſt.
Friſcher i d'Welt und es Bitzeli Trotz und eigne Wille
Sitzt i dem luſtige Näsli und ſpielt're um Stirnen und Lippe."

In lieblichem Frieden wohnen die beiden Schweſtern mit ihrer „Mama" beiſammen, die keine andere Sorge als diejenige für ihre Kinder kennt und keinen höhern Wunſch hat, als im Pfarrhaus, wo ſie zwanzig Jahre gelebt, bleiben und ihre Tage beſchließen zu dürfen; nur einen Punkt gibt es, über den Clara und Mary gegeneinander und gegen die Mutter ſchweigen: „De Vikaripunkt".

Endlich löſen die Weihnacht, das liebliche Feſt, die feurige Weihnachtspredigt des Vikars und ein gemeinſamer Spaziergang durch die Winterlandſchaft den Bann, und in der letzten Stunde des Jahres werden Clara und der Vikari ein glückliches Paar, während die leichtbewegliche Mary die Verlobte „Walders", eines Freundes der Pfarrfamilie, wird, ſo daß im folgenden Frühjahr zwei fröhliche Pärchen zum Sechſeläuten nach Zürich fahren.

„De Herr Dokter", eine Herbſtidylle, welche im Jahr 1860 erſchien, reiht ſich in ihrer Friſche und Lebendigkeit den vorigen zwei ebenbürtig an, indem ſie eine ächte, tiefe Jugendliebe über eine raſche Neigung, die der Sohn eines ländlichen Arztes auf der Univerſität zu Prag zu einer dortigen jungen Dame gefaßt, und über einen auf großes Vermögen abzielenden Mutterwunſch triumphiren läßt. Namentlich der Vater und die jungfräulich herbe Hedwig, ſowie die Nebenfigur Gritli's, des „Aargäuer Meitli's", auf die ein

Teil der Poesie Hedwigs wie Sonnenleuchten hinüberreflexirt, sind Charaktere von einer Lebenstüchtigkeit, welche erhebend auf das Gemüt des Lesers wirkt.

Einen sinnigen Kranz hat Corrodi in diesem Idyll der schweizerischen Heimatliebe gewunden, indem er den jungen Arzt bei seiner Rückkehr aus der Fremde ausrufen läßt:

Heimet, heimet, du laast nid los! — Mit heimliche Gwalte
Sahst eim d'Sinnen und 's Herz; und chömm mä vom Parady̑s her,
Seig män ummegschwamplet uf gruusam gwälligem Wältmeer,

Heimet, i säge, de laast nid los! — Mit heimliche Mächte
Hebst ein immer am Bändel, wie d' Mueter s' Chind am e Schnupf-
tuech.
Gaht men usen i d'Wält, was gist eim mit na bim Abschid?
Heiwehsame streust eim i's Herz, e heimlichi Hampfle.
Saht er au nid grad z'chynmen a, nu, se wartet er d' Zyt ab.
Eis Jahr, zwei oder zächni; denn saht's a drucken und schürge
Schwellen und wahlen im Herz, dänn trybet die Chynmli i d' Höchi,
Gnehrt vom Tau der Erinnrig a hei, vo chumbrigem Räge,
Unglückbläschten und was es dänn sei — es setzt si es Geistli
Z'Nacht zu dim Bett, schwätzt schwizerdütsch, verzellt der vo heime,
Zeiget der Vatter und Mueter und was d'diheime na Liebs häst,
Maalet der d' Schneeberg vor und z'oberst uf luftiger Zinne
Schynnt 's wyß Chrüz im rote Sälb und winkt der vo rymtem.
Ach wie losist und luegist so gern, und am Morge, wänn d' uuf-
stahst,
Treist din Traum in blänbebe Tag und vergissist e zmitzet
Underem Handlen und Jagen und Spekuliere, Studiere,
Maalen und Achere nid — und so gaht's wyters und wyters
Bis d'dis Bündeli schnüerst, bis d'über de waldige Gränze
D'Schneeberg güggele g'sehst, bis d'äntli über de Grabe
Gumpist und juchzed de Huet i vatterländischi Luft wirfst,
Bis d'diheime bim Mueterli sitzist und äng um de Tischfueß
D'Bei verdranglist und bis d' 's erstmal i der Heimet häst gschlafe;
D'Auge rybst und die streckst, mit urbihaglicher Blicke
D' Chammer gschauist und seist! „Ja wäger, da wärid mer wieder!
'S staht na Alles am glychligen Ort, wie do, won i furt bi."

Corrodis Dichtungen fesseln nicht allein durch die Gewandtheit der Charakteristik, welche mit sicherm Griff das Individuelle, das Gesunde, das Kräftige aus dem Volksleben heraushebt, sondern wesentlich auch durch die lauten und leisen Töne der heimatlichen Natur, die in das Fröhliche und Tiefsinnige, Schalkhafte und Phantasievolle seiner Menschendarstellung hineinklingen, und um diese einen prächtigen Rahmen alemannischen Naturlebens winden.

Weder Usteri noch Stutz haben so volle Naturklänge und Naturbilder wie Corrobi gefunden, ja die Schilderung eines Gewitters im Wald, welche das Idyll: „De Herr Professer" enthält, ist ein ebenbürtiges mundartliches Gegenstück zu Gottfried Keller's „Eichwald", diesem klassischen Muster beschreibender Naturpoesie.

„Hinderem Albis still und schwer chrüücht usen es Wätter;
Hinderem Hörnli tinteschwarz chrüücht eis em etgege;
'S sacket si überem Rhy, es sacket sie dinnen in Berge.
D' Sunn bländet und sticht; alsgmach gönd Wulchen iez drüber.
Lueg, gegen Irchel wätteret 's scho, im Schwobeland usse
Schynt na d' Sunne, es schüüßt au en Strahl na uf s' Hörnli's
                        Steiwand;
Und wie sie d'Wulche drucked, so sind au die nächere Wälder
Oppedie na glänzig im Liecht; me dha d' Bletter erchänne
Det vor der nsefarbige Wand — iez sinket s' in Schatte.
'S gaht kes Lüftli, es singt kes Sinkli und tüüf überm Bode
Schüßed d' Spyre her und hy und gryned und gyred.
Heiße Harzgruch ziet dur d' Tannen und oppedie chunnt's eim
An ere gholzete Stell wie us emen Ofen etgege.
Alles ist ruehig und wartet; nu d' Hummle lönd si nid störe,
Brummled und summled na umenand an Agleien und Brumbeer.
D' Wulheist werched au na und träged Nädeli zämme;
'S Bächli sprächlet wie sust und de Guggu rüeft ufem Lerchli.
Aber iez alliwil tüüfer und alliwil dunkler und dunkler
Drucked si d' Wulchen; es nachtet fast — los iezd hätts dunnret,
Tüüf und wyt no — es Lüftli chunnt, ganz lysli und heimli;

'S fahret scho einzelni Tröpfe durab und verfprützed am Bode
Schwer und groß, oder falled uf d' Bletter und chered f' es bitzli...

Los, iez chunnt es Ruusche duruuf ufen undrere Wäldre
Alliwil nächer und alliwil lüüter; iez wirft fi 's i dä Wald —
Jez wird 's heller und jez wird 's dunkler, wänn d' Canne fi büüged,
Cini der andere nahen, und wider i d' höchi schnelled.
Jez en Blitz.....e Toteftilli en Augeblick...iezed
Chrachet 's in Lerchlene dänne, kei zähe Minute vom Seiri.
Und iez schüttet 's durab und ruscht und ratzlet durnahe,
Und iez Blitz uf Blitz und Schlag und Chrachen und Rumple.
Alliwil dunkler und dunkler wird 's; es wüelet de Sturmwind
Dobe in höchfte Gipflen und dunnen im niderfte Chrüütli,
Vögel und Bletter flattred dur d' Luft und gflügleti Sämli,
'S bricht in Äften und chrachet in Stämmen, es garet und gyret,
Zuckt i roferotem Schy dur d' Dunkelheit durre,
Chnellt und chetzlet und rumplet und chlöpft, as fött Alles in Bode.

Allein so Vortreffliches, ja geradezu unverwüftlich Schö=
nes Corrodi in seinem fruchtbaren Schriftstellerjahrzehend
von Anfang der Fünfziger bis Anfang der Sechziger Jahre
auf dem Gebiete der Kinder= und der Dialektliteratur ge=
schaffen, so drangen seine Werke auf dem Büchermarkte doch
nicht genügend durch, daß er sich aus seiner literarischen
Tätigkeit einen ausreichenden Brotkorb hätte gestalten können,
und er erfuhr die bittere Wahrheit, die Scheffel an ihn
schrieb: „Mit der Schriftstellerei ist's ein traurig Ding, ...
das zehrt gräßlich auf, und ab zugleich."

So übernahm denn Corrodi im Jahr 1862 eine Stelle
als Zeichnungslehrer an den höhern Schulen in Winterthur;
doch schwer genug fügte sich seine Künstlernatur ins Joch der
Pädagogik und „Der Sang vom Aerger", der
Mitte der Achzigerjahre erschien, enthält so viele Stellen,
wo wir durch das Feuerwerk des Humors, des Witzes und
der Ironie den Aufschrei des unterdrückten Künstlerherzens
vernehmen, daß wir uns daraus ein Bild ziehen können, wie

sehr Corrodi unter dem Widerstreit von Pflicht und Neigung litt.

Im Glück einer eigenen Häuslichkeit, die er um diese Zeit begründete, und in den Anforderungen der Schule, welche die Muße für schriftstellerisches Schaffen nicht gewährten, ging seine dichterische Kraft für eine Weile unter und von 1863 bis 1870 ruhte Corrodi's Muse.

Eine zweite Periode literarischer Tätigkeit begann für ihn erst in dem letztgenannten Jahr, in welchem sein Roman „Blühendes Leben" erschien, der indessen wie sein im Jahr 1880 herausgegebenes Novellenbuch: „Geschichten", durch eine auffallende Derbheit des Styls, sowie durch den Mangel tieferer Motivierung und künstlerischer Durchführung beeinträchtigt, keinen bedeutenden Erfolg errang, so prächtig er in manchen Einzelheiten ist. Auch sein letztes schriftdeutsches Werk: „Dido, eine tragische Oper" ist bereits verschollen.

Hingegen hat Corrodi in dieser, seiner zweiten Periode dichterischen Aufschwungs der mundartlichen Poesie wieder einen frischduftenden Strauß von Dichtungen zugetragen, an dem noch Enkel und Enkelskinder ihre Freude haben werden.

Nachdem schon im Jahr 1863 die „Sprüche und Lebensweisheiten, gesammelt aus Shakespeare's Werken" als eine Frucht seiner englischen Literaturstudien erschienen war, fiel der alemannischen Dichtung mit einer mundartlichen Verdeutschung von „Burns Liedern" 1870 eine Dichtergabe zu, welche sie unbedenklich zu ihren höchsten Besitztümern zählen darf.

„Es wölbt sich eine unsichtbare Brücke zwischen diesen beiden Mundarten (der schottischen und der zürcherischen), und Herz und Sinn ziehen darauf hinüber und herüber", sagt der Dichter im Vorwort, allein auch zwischen ihm und dem Volkspoeten des schottischen Hochlands bestand ein Band der Wesenverwandtschaft, eine Congenialität, ohne welche die wahrhaft klassische Uebertragung der süßen Lieder Burns, die zu ihrer Entstehungszeit wie Flammen über die nordische Heimat flogen, gar nicht denkbar ist.

Die Wahl fällt einem schwer, aus diesen mundartlich verdeutschten Hochlandsstrophen eine Probe herauszuziehen; hier sei das seelenvolle „**A mis Mary im Himmel**" citirt:

„Du bleiche, spate morgestern
Ziehst wieder still dur's morgerot
Und winkst em tag, ach grad wie fern,
Wo mir mis Mary nimmt de tod. —
Du liebi seel im sternefeld,
Wo wandlist jez i duft und glanz?
Gsehst du mi da uf chalter welt
J herzeleid versunke ganz?

Und denki nid mir lebtag dra?
Am chlare bach, im chüele tal,
Da hämer stille abschied gnah
Und hendis küßt zum letzte mal.
Das blibt mer bis i ebigkeit —
J gsehnedi na vor mer stah,
Du lieblis bild . . . . wer hetti's gseit,
Es gält für's lebe abschied da?

Dur miesfüecht felse ruuscht de bach,
Und d'bueche tauched d'bletter dri.
D'waldrose wölbt e heimeligs dach
Und schlüüßt is wien es hüsli i.
Waldblueme aller arte blüehed
Drinnine, säged: „gruehn wänn d' witt?"
Bis d'sunne meint: jez, chinde, müend
Er wäger hei, s'ist hohi ziit.

Ich weiß na jeder's blüemli, ach, ach
Es ist mer, 's sei erst gester gsy . . . .
Wie alliwil tüüfer wüehlt de bach,
Grabt si's dem herz au tüüfer i.

Du liebi seel im sternefeld,
Wo wandlist iez i duft und glanz?
Gsehst du mich da uf chalter welt
J herzeleid verlore ganz!

Sind diese Herzenslaute vom Strand des 2.
die Corrodi'sche Uebertragung nicht auch Herzens
Usern der Limmat, der Töß und des Rheins gew.
Indem man sie liest, bedauert man, daß Corrodi n
das mundartliche Lied mehr gepflegt.

Allein seine letzte dichterische Entwicklung führte ihn auf
ein anderes Gebiet der Poesie, auf die Bühne.

Angeregt durch die Erfolge, welche die Usteri'schen Idyllen
in der dramatischen Bearbeitung von H. Kramer auf den
zürcherischen Liebhabertheatern errangen, bildete auch Corrodi
sein Idyll: „De Herr Dokter" zu einem Bühnenstück um und
fand damit, namentlich durch die Lobrede auf den Zürcher=
dialekt, welche darin enthalten ist und eine patriotische Saite
seiner Hörer traf, einen ungewöhnlichen Beifall. So kam
es, daß denn Corrodi's letztes Jahrzehend poetischer Arbeit
durch eine Reihe mundartlich-dramatischer Schöpfungen aus=
gefüllt wurde.

1873 erschien: „De Ritknecht", Lustspiel in 1 Akt,
1874 und 1875 das „Alemannische Kindertheater"
mit den vier Stücken: „s' Waldhüttli", „Amanda",
„Schneeweiß und Rosenrot", 1875 ferner: „De
Maler," Familiebild in 3 Akte, 1879 „D' Badomer=
fahrt", Lustspiel in 2 Akten und eine Fortsetzung des Ale=
mannischen Kindertheaters: „St. Trubbert und das
Krüglein", 1880 „Mer hürated nid", Lustspiel in 3
Akte; 1882 „Wie b' Warret würkt", und 1883 „Die
Alte'n und die Junge", züritütsches Familiebild i vier
Akte, während eine letzte dramatische Arbeit: „Im Schnä=
berbäble" nur in einer ersten Bearbeitung in den Nachlaß

des Dichters übergegangen ist, und das 1877 erschienene
fünfaktige Drama: „Die Pfarrwahl" in seiner schrift=
deutschen Fassung nur wenig Anklang fand.
Mit Vorliebe hat Corrobi in diesen Dialektstücken wie
früher in seinen Idyllen Gestalten und Szenen aus dem
behäbigen, gebildeten Leben des Landhauses oder Pfarrhofes
geholt; seine Männer sind Landärzte, Professoren, Pfarrer,
Statthalter oder andere Staatsbeamte, Künstler, Gutsbesitzer
oder solche, die es werden wollen, und die eigentlichen Volks=
typen erscheinen nur als Nebenfiguren; seine weiblichen Ge=
stalten sind gebildete, nicht selten schöngeistige Frauen; Freunde,
Freundinnen, Onkel und Tanten beleben seine Familienkreise
und im Angelpunkt der Handlung steht immer ein entweder
verwaistes oder halbverwaistes Mädchen voll Liebreiz, Witz
und gesunden, geistigen Wesens.

Darum können weder die Personen noch die Stücke
selbst eine gewisse Familienähnlichkeit verläugnen; allein inner=
halb der großen Züge, mit welchen die Personen der ver=
schiedenen Lustspiele an einander erinnern, ist so viel indivi=
duelles Leben und so viel originelle Zeichnung, eine so in
die Einzelheiten fein ausgeführte Charakteristik der handelnden
Figuren, ein so reicher Wechsel ernster und heiterer Bilder,
daß durch diese Familienähnlichkeit die Frische des Eindrucks
auf Leser oder Hörer kaum beeinträchtigt wird, und ein
mutwilliger, oft auch kühner oder derber Humor, der die
leichte Architektur dieser dramatischen Stücke mit üppigen
Ranken umschlingt, sowie die hervorragende mundartliche
Sprachkunst des Verfassers täuschen lieblich über den Mangel
einer tiefern Grundidee und das lose Gefüge der Handlung
hinweg.

Am höchsten im künstlerischen Wert steht wohl das letzt=
erschienene: „Die Alten und die Junge", worin Corrobi,
in seine eigene Vergangenheit und in das Leben des länd=

lichen Pfarrhauses zurückgreifend, das Recht der Jugend über die Vorurteile des Alters siegen läßt.

In seinem alemannischen Kindertheater aber hat der Sechzigjährige noch einmal all die strahlende Fröhlichkeit und Naivität, den Märchen- und Natursinn seiner ersten Kinderschriften entfaltet, sie sind ein Zeugniß der gemütsverjüngenden Kraft der Poesie und ein Beweis, daß Corrobi durch seine Künstlerlaufbahn seinen Geist frisch und blank erhalten hat.

„Die Blicke scharf wie der junge Aar,
Das Herz von Hoffnungen umflogen,
So bin ich dereinst mit reisiger Schaar
In den Kampf der Geister gezogen,"

hätte er mit seinem gefeierten Freunde Viktor Scheffel sprechen dürfen, allein noch mehr als der Sänger vom Oberrhein hat er es erfahren, daß auch im Künstlerleben „neben Rosen gleich die Dornen stehn."

Er, der eben so leicht als ein Dichter ein Maler, ein Naturforscher oder ein Philologe von Ruf hätte werden können, war zu vielseitig in seinen Anlagen, um das Große und Gewaltige zu schaffen, das seiner Natur nach, wie Scheffel sagt, einseitig sein muß, und so bietet denn das Ende der Dichterlaufbahn Corrobi's, der so kühn auf den Plan getreten, das Bild der Resignation, einer Resignation freilich, welche von dem hellen Goldglanz des Humors überstrahlt, keine Bitternis im Gemüt des Mannes zurückließ, der bis an sein Lebensende im trauten Umgang mit der Natur ein treues, kindlich reines Herz bewahrte.

Und nicht ohne Poesie ist es, wie sich das Ende seines Lebens in den Anfang verschlang. In seiner Vaterstadt, wo er das Licht erblickte, ist er auch gestorben. Nachdem schon im Jahr 1880 eine heftige Krankheit die Lebenskraft des starken Mannes mit dem imposanten Aeußern auf das Tiefste erschüttert, so daß er seine Lehrstelle niederlegte, war ihm in Zürich noch ein schöner, mit dichterischen Plänen und Schöpfungen ausgefüllter Lebensabend beschieden und ein schmerzloser Tod hat ihn, der kaum je die Herbe eines mit der Sorge kämpfenden Daseins erfahren, am 15. August 1885 hinweggenommen.

Wenn der Gehalt an reiner Humanität der Genius ist, der die Werke eines Dichters seinem Volke lieb werden läßt, der diese Werke von Generation zu Generation fortträgt und sie vor Vergessenheit schützt, dann wird Corrobi's Name in unserm Volk noch lange fortleben, weil durch seine Dichtungen wie eine Lichtgestalt die Liebe wandelt, die treue Liebe zu den Mitmenschen, zur Heimat und zur Natur.

Die dichtenden Zeitgenossen von Stutz, Corrodi und die neuere mundartliche Dichtung.

In Martin Usteri, Jakob Stutz und August Corrodi hat die zürcherische Mundart ihre bedeutendsten Dichter und Sänger gefunden, Dichter und Sänger, deren poetischer Schatz so weit verbreitet worden ist, als die alemannische Zunge klingt. Allein den poetischen Gehalt unseres heimatlichen Volks- und Naturlebens haben sie in ihren Hervorbringungen keineswegs erschöpft und so sind denn immer wieder neue Lerchen über die grünen Wipfel der mundartlichen Poesie emporgestiegen und haben in Dur und Moll, bald mit mehr und bald mit weniger poetischer Kraft und Kunst ihre Strophen und Reime in die Heimat hinausgesungen.

Viele derselben haben weder die Gabe der eigenen Erfindung, noch den Schmelz der Melodie, noch die Vollendung des Rythmus besessen, viele auch jeden mundartlichen Reim, so platt sein Inhalt war, schon für Poesie genommen. Doch neben diesen Stimmen, welche, ohne ein Echo im Volk zu finden, bald verklangen, haben andere mit ihren Sängen und Klängen so gut wie Usteri, Stutz und Corrodi das Herz des Volkes gewonnen, und ihre Lieder vibriren in hellern und leisern Tönen in demselben fort.

So hat die geistliche Liederdichterin **Meta Heußer**[*)]

[*)] Vergleiche Dr. J. J. Honegger: „Die poetische Nationalliteratur der deutschen Schweiz. Bd. IV, 1876.

von Hirzel, geb. 1797, gest. 1876, welche in den „**Liedern
einer Verborgenen**" 1858 und in der zweiten Samm=
lung „**Gedichte**" 1867 so innig fromme Laute der Gemütes
fand, daß ihre Strophen zu den bedeutendsten Schöpfungen
der deutschen religiösen Poesie gehören, unsern Kindern das
mundartliche Gedicht: „**Die Zwergli**" geschenkt:

> „Am Vizistollebergli
> Da wohned sibe Zwergli,
> Die baued a de Raine
> Es Städtli under de Steine.
> Am Abig denn, wenns dunklet
> Und d'Sternli dobe funkled,
> Und Chinde göhnd is Bettli,
> Denn schlüfed's usem Städtli
> Und schlüfed lis, wie d'Müsli
> Dur d'Chämi ab i d'Hüsli
> Und singed uf der Winde
> Guet Nacht, guet Nacht, ihr Chinde."

Einer der originellsten unter allen zürcherischen Dialekt=
dichtern war Rudolf Baur*) von Sellenbüren, der die
Freude an Reim und Lied von seinem Vater geerbt. Geboren
den 3. Juni 1805 als das älteste von fünf Geschwistern
wuchs dieser Naturpoet in den denkbar einfachsten Verhält=
nissen, ja, bis zum zwölften Jahre sogar ohne Schulunterricht
empor; doch brachte ihm sein Vater, der etwas abseits vom
Dörfchen Sellenbüren ein ärmliches Heimwesen bewirtete und
im Winter mit Besen handelte, einige Fertigkeiten im Lesen
und Schreiben bei. Wenn die Eltern auf ihre Aecker zur
Arbeit gingen, schlossen sie den Knaben mit einem Stücklein
Brot und einem Haufen zusammengehefteter Kalender in die
Stube ein, und in dieser einsamen Haft gewann er eine

---

*) Quellen: Alpenrosen 1848. Verschiedene Kalender etc.
Mündliche Mitteilungen aus der Gegend von Sellenbüren.

solche Liebe zu den Büchern, daß er später als Jüngling, wenn er nach Zürich Botendienste versah, die anderthalb Batzen, welche ihm der Vater als Wegzehrung mitzugeben pflegte, zum Ankauf von Literatur verwendete. Aus dieser und einem sechsjährigen Besuch der Repetirschule seine Bildung ziehend, brachte er es nicht nur in der Mundart, sondern auch in der Schriftsprache zu bedeutender sprachlicher Vollendung und wurde als „Bot vo Sellebüre" durch den naturwüchsigen Witz und Humor und durch das satyrische Salz seiner Gedichte, welche oft auch politische Anspielungen enthielten, zu Stadt und Land eine volkstümliche Figur.

Nachdem er im Jahr 1827 Ausläufer in einem Käsegeschäft zu Zürich geworden war, erwarb sich der sparsame Mann zum Teil durch seine Gedichte, welche als poetisch-witzige Interpretationen der jeweiligen Volksstimmung in der Form von fliegenden Heftchen in hunderte und hunderte von Händen gelangten, ein kleines Vermögen, so daß er sich nicht nur eine Bibliothek von mehr als hundert Bänden anlegen, sondern auch am Westabhang des Uetlibergs ein Bauerngütchen kaufen konnte. Dort in seinem „Schürli" las und dichtete er, und daß er seine Poesie gern auch in einen höhern Dienst als denjenigen des Gelegenheitsgedichtes und des Gelderwerbes gestellt, bezeugen seine „**Volkssagen aus der Umgebung des Uetlibergs**", welche er im Jahr 1843 zu Gunsten einer brandbeschädigten Familie in Wiedikon herausgegeben hat. Es sei daraus das mundartliche Stück: „**De Schatz uf der Ofegüpf**"*) citirt:

„Se, Bot, erzähl du öppis,
„Du bist en g'lehrte Ma,
„Vom Sellebürer Freiherr
„Und wie's de öppe gha.

„Erzähl vo sine Chriege,
„De Schenkige und meh."
Das chönnider am Beste
Is Bluntschlis Chronegg gseh.

---
*) Ofegüpf ist der Burghügel der Freiherren von Sellenbüren.

„So fäg is denn vo Schätze,
„Ebs dert au öppe hei,
„Es lit a dene Orte
„Ja mengsmal Geld wie Stei."
Au da; bi Millione
Müend innere Chifte ſi,
Doch leider als verbannet
En ſchwarze Hund derbi.
Es hed ſcho menge grübled
Und grabe na dem Schatz,
Doch trutz de gſchide Lüte
Lid er am alte Platz.
Wenn eine meint, es grathi,
Und zu der Chifte chund,
So ſchlüft wie uſem Bode
En ſchwarze Zottelhund.

Das iſt en böſe Chätzer,
De luegete denn a,
Daß keine meh dra zwiflet,
E ſei de Bölima.
Me findt de zu vertribe
Keis Mitteli, das guet,
Da helfed keine Chatzen,
Da hilft kei Hüenerbluet,
Au kein Johannisſege,
Kein ſiebefache Ring;
Er hockt nu immer feſter,
Macht me dergliche Ding,
Und wie de aſed murre,
Wer denn nüd gleitig goht,
Cha luege, wie ſis Chöpfli
J zwo Minute ſtohd."

Viele Gedichte des originellen Poeten ſind in den alten Jahrgängen des „Zürcher Kalenders", des „Zürcher Tagblattes", des „Albisboten", der „Alpenroſen" und der „Zukunft des Volkes" zerſtreut, auch im Nachlaß des Dichters, der 1877 ſtarb und deſſen Bibliothek durch Kauf an die Leſegeſellſchaft Dübendorf überging, dürfte ſich noch Manches finden, was außer ſeinem Wert für unſere munbartliche Literatur auch eine Bedeutung für die zürcheriſche Culturgeſchichte hat.

Sehr ſchöne munbartliche Klänge finden ſich auch in den Dichtungen des Zürcher Kaufmanns und Poeten **Chriſtoph Eßlinger**, geboren 1811, beſſen geſammelte ſchriftdeutſche und munbartliche Dichtungen im Jahr 1858 unter dem anmutigen Titel: „Wilde Roſen" erſchienen und ein entſchiedenes lyriſches Talent bezeugen; nur ſchade, daß er die Munbart auf einige wenige Geſpräche und Gedichte beſchränkte. Von den letztern iſt „De Liechterer" eines der anſprechendſten.

„Bald de Mo im Holz dur d'Gipfel schlycht,
Zündt fis Silberliecht zur Liebesbycht:
Alles flismet, grad wie Laub und Bach,
Meinst, es schlafi All's und All's ist wach.

's ist e schöni, liebi Sternenacht,
Und am Seister häd mis Lisi d'Wacht,
Und I mache's wie na menge Chnab,
Goh zum Garten-n-y und löse's ab.

Srischi Rose blüehnd im Perlethau,
Wie-n-e Rose blüeht mis Lisi au;
D' Sterne lached bis zum Morgerot
Und se fründli isch es früeh und spot!

's gid kei schöners Liecht als d'Knabesunn:
's Herz erwärmt sie und macht Niemer brun,
Sie erfrischt is, simmer halbe lahm,
Und die Wilde macht sie wunderzahm!

Wie's so still ist! Alles sprachet lys.
Jetz isch Zyt; I gahne über d'Wies;
's Lisi hät am Seister hinecht d'Wacht,
D'Stund han ich, und wcuschi gueti Nacht."

Nicht so poetisch kräftig sind die mundartlichen Stücke von Heinrich Nägeli, 1834—37 Sekundarlehrer in Kilchberg, durch dessen „Gedichte" 1840 sich wie ein Refrain die weiche Klage um eine verlorene Gesundheit zieht, was dem bescheidenen jungen Mann, der früh zu Grabe ging, manches Herz gewann.

In seinem tiefsten Naturell mit Martin Usteri verwandt und eine der liebenswürdigsten und originellsten Gestalten der zürcherischen Dialektdichtung war der Zürchermetzger Heinrich Cramer*), der als langjähriger Organisator

---

*) Quellen: Hrch. Cramer's ausgewählte Gedichte, herausgegeben von der Familie 1876. Andenken an Hrch. Cramer, gewidmet den Zünften Zürichs vom Sechseläuten-Central-Comite, 1880.

der „Sechseläutenfestzüge" bei seinen Mitbürgern in wohl=
verdientem, dankbarem Andenken steht.

Heinrich Cramer, der noch mehr als Usteri selbst seine
Poesie in den Dienst der geselligen Freude und des patrio=
tischen Festlebens gestellt, wurde am 5. Juli 1812 als Sohn
eines Metzgers in Zürich geboren. Trotzdem der väterlicher=
seits früh Verwaiste als Zögling der Bürger= und Kunstschule
bedeutende Anlagen und eine lebhafte, auf das Malerische
und Dramatische gerichtete Phantasie verriet, die ihn für
einen wissenschaftlichen oder künstlerischen Beruf vollauf be=
fähigt hätten, ergriff er aus Pietät für eine Familientradi=
tion das Handwerk seines Vaters, das ihm genügende Muße
für seine poetischen und gesellschaftlichen Neigungen übrig ließ.

Bereits Ende der Dreißiger Jahre war der anspruchs=
lose Mann mit der starken humoristischen Ader die Seele von
mehreren zürcherischen Vereinigungen und ein geschätzter Ge=
legenheitsdichter für die stadtzürcherischen Freudenanlässe.
Seinen ersten größern Erfolg errang er mit einer, der Schützen=
hausgesellschaft zu Zürich gewidmeten, dramatischen Bearbei=
tung der Erzählung Usteri's: „Der Hirsbrei oder Tho=
mann zur Lindens Abenteuer auf dem Großen
Schießen zu Straßburg 1576; einen noch bedeutendern
mit dem epischen Gedicht: „Die Schlacht bei St. Jakob
an der Birs", das 1844 als Festgabe zur vierten Säkular=
feier derselben erschien und in seinen acht Gesängen Stellen
von bedeutend poetischer Schönheit enthält, so daß es unter
den ernsthaften Schöpfungen Cramers den ersten Rang ein=
nimmt.

Festspiel folgte auf Festspiel, demjenigen zur Einweihung
des neuen Kunstgebäudes 1846 ein zweites zur Einweihung
des neuen Schützenhauses 1849, diesem ein drittes zur Ein=
weihung der Töchterschule beim Großmünster 1853.

In denselben handhabte Heinrich Cramer nicht nur die

Schriftsprache und den Zürcherdialekt, sondern auch die Mundarten der andern Schweizergegenden, ja auch des Elsaßes, der schwäbischen und norddeutschen Gaue mit Meisterschaft, und als ein Beispiel dieser sei hier aus dem letzten der drei Festspiele eine Charakteristik einiger Schweizerkantone angeführt: — — —

Schaffhausen:

„Was mich bitrüfft, su wor
J vorschlu, spitzed 's Ohr
E wengeli en aages Ding
Bitritt zur Zollveraaniging
Clage — wegem Wy.

Appenzell:

Mä woll! 's wär nöd so dumm
Gieng no deby nünt chromm. —
Doch globi fast, 's wor ase gä
Die Anderi worid d' Chriesi näh
Ond mir blos d' Stil ond d' Stä!

St. Gallen:

Willts Gott, i stimmti zue!
Wurs globe, 's ließ si thue.
D' Sach wär, es wur für d' Stiggerei
Gar mengen Usweg wieder frei,
Wo men iez — schmoggle mues."

Vom Jahr 1839 bis 1870 war Heinrich Cramer der Organisator und Programmdichter aller der fünfzehn künstlerisch bedeutungsvollen Sechseläutenfestzüge, welche die Zünfte Zürichs in den dazwischenliegenden drei Jahrzehnten ausführten, darunter jenes „historischen Festzugs zur fünfhundertjährigen Jubelfeier des Eintritts von Zürich in den Schweizerbund", 1851, dessen großartiger, ja überwältigender Eindruck bis jetzt von keinem andern Festzug in Zürich übertroffen wurde.

Heinrich Cramers Verdiensten um die künstlerische Ausgestaltung und um die Veredelung des größten spezifisch zürcherischen Freudenanlasses hat die berufene Feder Gottfried Kellers in dem ziemlich umfangreichen Gedicht: „Ein Festzug in Zürich" ein dauerndes Denkmal gesetzt:

> Da lehnt auch Meister Heinrich schnell,
> Der Cramer ehrlich zubenannt,
> Das blanke Schlachtbeil an die Wand,
>
> Und greift zum Stifte; säuberlich
> Nimmt er Papier und träumt und sinnt,
> Und gleich zu zeichnen drauf beginnt;
> Denn wißt und seid des Meisters froh,
> Seit manchen Jahren treibt er's so:
> Wenn sich ein Spiel begeben will,
> So steht sein Eifer nimmer still;
> In Reim und Bildnis gleich gewandt
> Entwirft und ordnet seine Hand,
> Bis frisch die Arbeit ist getan
> Und fröhlich klar des Festes Plan!

Die Familie Heinrich Cramers, der am 12. März 1871 starb, hat fünf Jahre nach seinem Tod „Ausgewählte Gedichte" desselben herausgegeben, und die dankbaren Zünfte haben ihn 1886 durch eine Schrift: „Andenken an Heinrich Cramer", geehrt.

So wird wenigstens seine Vaterstadt eine lebendige Erinnerung an den fröhlichen, bescheidenen Metzgermeister bewahren, der in gewissem Sinn als ein zürcherischer „Hans Sachs" gelten darf. Wenn es auch im Wesen der Gelegenheitspoesie, wie er sie pflegte, liegt, gleich einem Feuerwerk nur im Augenblick der Freude zu glänzen, zu leuchten und dann zu vergehen und die Dichtungen Cramers aus diesem Grund auf unsere und eine spätere Zeit nicht bedeutungsvoll nachwirken können, so hebt sich doch seine dramatische Bearbeitung des Usteri'schen Idylls: „De Vikari" so aus den Rahmen des Gelegentlichen in den Raum des bleibend Bedeutenden empor, daß es seit seiner ersten Aufführung in den Sechziger Jahren durch die Künstlergesellschaft bis jetzt ein Liebling der zürcherischen Dilettantenbühnen zu Stadt und Land geblieben ist und zu Ehren Usteri's und Cramers noch lange bleiben wird.

Aus jenem Schülerkreis heraus, welchen Stutz in der „Jakobszelle" zu Sternenberg um sich gesammelt hatte, und mit dem er gemeinsam die „Ernsten und heiteren Bilder" herausgab, hat namentlich Jakob Senn Anspruch auf litera= rische Beachtung, denn in den Werken keines andern zürche= rischen Dialektdichters, selbst in Stutz'ens nicht, fließt der Born der kurzen, kräftigen Volkssprache so rein wie in seinen mundartlichen Dichtungen.

Jakob Senn*) wurde im Jahr 1823 im sangeslustigen Fischenthal geboren, doch lag schon auf seiner Jugend das Weh, in seinen poetischen Anlagen weder von seinen eigenen Eltern noch von sonst jemandem in seinem eigenen Dorf ver= standen zu werden, und seine, jeder praktischen Tätigkeit ab= geneigte Art und Weise nahm seine Umgebung, welche das fremdartige Geistesleben in ihm wohl spürte, aber sich nicht zurechtzulegen wußte, gegen ihn ein.

So war denn diese Jugend bereits der Anfang eines Dichterschicksals, welches unwillkürlich an den tragischen Lebens= gang des berühmtern oberländischen Heimatsgenossen von Jakob Senn, an den armen Heinrich Leuthold (geb. 1827 in Wetzikon), gemahnt.

---

*) Quellen: Jakob Senns Werke. Mündliche Mitteilungen. Ein sehr merkwürdiges Bruchstück einer Autobiographie von Jakob Senn, welches bis zu seinem Aufenthalt in St. Gallen reicht, wurde Ende 1888 von Prof. O. Sutermeister in Bern unter dem Titel: „Ein Kind aus dem Volke" herausgegeben.

Beide haben nach rastlosem Wandern, nur wenige Monate von einander getrennt, im Jahr 1879 zu Zürich ihr Dasein im Wahnsinn geendet, und noch mehr als von Leutholds Werken gilt es von denjenigen Jakob Senns,

"Blätter sind es eines Baumes,
Der nie ganz in Blüte stand."

Jakob Senn mit seinem wissensdurstigen Geist konnte nie an einem höhern Quell der Bildung trinken, als an der primitiven Volksschule der beginnenden Dreißiger Jahre, und so war ihm der Verkehr mit Stutz zu Jakobszell, wohin er als junger Mann in allen freien Tagen eilte, eine Zeit lang wahre Herzenslabsal, doch erkannte sein durchbringender Blick bald die Untiefen in Stutz'ens Charakter. Nach einigen Jahren wandte er sich von ihm ab, ging seine eigenen Wege und suchte im Schurz eines armen Baumwollwebers den Weg zum Parnasse. Manch schönen Dichtertraum hat er wohl in seine Tücher hineingewoben; allein auch eine beißende Satyre, welche ihm manches zugetane Herz entfremdete, wurde in diesem unbefriedigten Leben groß.

Viele seiner dichterischen Versuche vernichtete er in strenger Selbstkritik, andere fanden ihren Weg in verschiedene Zeitschriften, und endlich öffnete Pfarrer Müller in Fischenthal dem sich einsam verzehrenden Poeten den Pfad in die Welt, indem er ihm eine Gehülfenstelle im Antiquariat Syfrig zu Zürich vermittelte. Hier fand er, was er gesucht und schmerzlich vermißt, Bücher; allein auch das Dilemma zwischen der Lesegier und den strengen Anforderungen eines Vorgesetzten, der seine Literatur für das Publikum und nicht für seine Angestellten bestimmt hat. Nach einiger Zeit machte sich Jakob Senn wieder frei, gründete selbst einen kleinen Buchhandel und gab im Jahr 1861 gemeinsam mit Robert Weber, dem spätern Professor und Verfasser der "Poetischen Nationalliteratur der deutschen Schweiz", eine Zeitschrift: "Die grünen Wälder" heraus; im Jahr 1864 erschienen seine, in Bezug auf die Sprachbehandlung meisterlichen: „Chelläländer=Schtückli vo verschibenä Sortä, bschnittä und uus=bütschget vos Häire Häicha Häigels Häier".

Auf 118 kleinen Oktavseiten bringt er darin neunzehn ächt volkskräftige Schnurren und Anekdoten, welche seither zum Teil in den Volksmund übergegangen sind, eine Samm=lung von oberländischen Sprichwörtern und Kindersprüchen und einige Lieder; allein dieses Büchlein ist dem Umfang und den Formen der Volkssprache so treu, so voll rascher volkstümlicher Wendungen und Verkürzungen, so gesättigt mit den Idiotismen und der Kraft der ältern Volkssprache, daß es als eine klassische mundartliche Leistung gelten darf.

Allerdings muß in den Schnurren, die dasselbe enthält, wie bei Stutz ein trockener Humor oft den Mangel wirk=licher Poesie verdecken, aber wenn möglich sind diese kleinen Genrebildchen aus dem Volksleben noch treuer als bei Stutz.

Wie köstlich naiv ist z. B. sein: „Riech und arm", das hier — die Verse fortlaufend geschrieben — folgen mag:

„Wos Bottä ßäiri und 's Bürschtämachchers Bäbeli dänand ghürotet händ, so händ f' dänn au äso über das g'redt, was 'n ieders häig. De ßäiri ischt aber bald umä gsii mit Ufzellä, er hät nüt gha, weder es Sunntiggwändli, wo 'n 'r 's Tuech und de Macher-loh no schuldig gsii isch dävo, und es Werchtiggwändli, wo sä plätzet uusgseh hät, wie 'n ä Chart vo Tütschland.

's Bäbeli aber hät über füfzg Guldi erhuusets Gält gha, und es Bett vo d'r Muetter sällig, und es Gütschli und es Gätzi, und es Stitzli und es Tüpfi, und en Ablaßtisch und zwo Sidele und en schälbä Weiäschüssel. Aber de ßäiri isch em trutz sire Armuet sä lieb gsii, wie nu öbbis, und es hät em eis Äli gmacht um 's ander und d'rzue mit eme gwüssä Schtolz gsäit: 's wär äbä guet, wenns es äifig äso treef, daß die Riechän und die Armä z'sämme chemed."

Im Jahr 1864 verehelichte sich Jakob Senn mit Anna Brandenberger von Bärentsweil und an ihrer Seite fand der ruhelose Dichter in St. Gallen, wo sie eine Wirtschaft führte, einige Jahre verhältnißmäßigen Glücks und die Muße für größere literarische Pläne, welche indes fast alle an einer quälerischen Selbstkritik scheiterten. Endlich trieb ihn sein unstätes Wesen im Jahr 1868 aus ziemlich geordneten Verhältnissen heraus, über das Meer und ein volles Jahrzehend aß er in Montevideo das bittere Brot eines deutschen Literaten in fremdem Land. Dann jagte ihn im Juni 1878 der gleiche dämonische Zug, der ihn nicht im Vaterland gelitten, in die Heimat zurück, und da er selbst das nötige Geld zur Ueberfahrt nicht besaß, so ließ er sich von der Regierung von Uruguai bestimmen, als Einwanderungsagent für sie in der Schweiz tätig zu sein. Als er jedoch den Boden seines Vaterlandes wieder unter den Füßen fühlte, da brachte er es nicht über das Herz, als Werber für ein Land aufzutreten, wo nach seiner eigenen Ueberzeugung seiner Landsleute nur die Enttäuschung wartete. In dem Zwiespalt zwischen übernommener Pflicht und höherer Einsicht, in verzehrendem Heimweh nach seinem Weib, verfiel er dem Wahnsinn und wurde in den ersten Frühlingstagen 1879 als Leiche aus dem Zürchersee gezogen.

Ein Bändchen Gedichte hatte er „Vom Silberstrome" heimgebracht, es erschien kurz vor seinem Tode, und das Gedicht „Auf dem Campo santo" tönt dem Leser bereits wie eine Vorahnung des schweren Schicksals an:

„Was ist es, das so manchmal hin mich zieht
In diese Stadt der Todten? Ist es Schwermut?
Ist's Sehnsucht nach dem Tode? nach den Todten?
Ich weiß es nicht. — — — — — — — — —"

Fast scheint es, es sei von Stutz ein dämonischer Zug auf seine Schüler übergegangen, denn auch J U. Furrer,[*]

---

[*] Quellen: Mündliche Mitteilungen aus Sternenberg.

seinen zweiten, dichterisch tätigen Zögling, hat ein ähnliches Loos wie Jakob Senn getroffen.

Geboren am 2. September 1827 zu Sternenberg, war er ursprünglich ein schlichter, fleißiger Mann, lernte dann durch die Vermittlung Stutz'ens eine Tochter von Schwellbrunn kennen und übernahm nach seiner Verehelichung mit derselben die Seifensiederei seines Schwiegervaters, kam dabei jedoch ökonomisch zurück, so daß er das Geschäft aufgeben mußte und versumpfte schließlich als Hausierer, bis man im Mai 1877 seinen Leichnam in der Limmat fand.

Gedichte von ihm finden sich im „Republikaner", einem Kalender der Vierziger und Fünfziger Jahre, und in Stutz'ens „Ernsten und heitern Bildern", wo in einem Gedicht, „Feierabend", folgende, durch ihre warme Empfindung ansprechende Strophen stehen:

„Lueg dert, wie d' Sunn am Scheidweg stoht,
Und hinder d' Lägre-n-obe goht,
Wie 's Hörnli glänzt i Künigspracht,
Wil 's d' Sunne rot und guldig macht.

Dert chunnt en plagte-n-Acherma,
Er möcht so gern Sirobig ha;
Sei jo, de Mähnbueb ist todmüed,
Doch pfift er no sis Obiglied.

Wie frumm doch 's Betztglöggli schallt,
Und d' Amsle singt im grüene Wald,
Doch nohtno hored beedi uf
Und händ denn au Sirobig druf.

Im chline Hüsli nebed dra,
Chan au en Greis Sirobig ha,
De Tod ist züe-n-ehm cho
Und hät en us em Diensthus gno.

Jetz isch es stille, her und hi,
Und 's luegt de Mo so fründli dri,
Und d' Sterne lüchted 's ist e Pracht,
Und euser liebi Herrgott wacht.

Unter den jetzt lebenden mundartlichen Dichtern des Zürichbietes nimmt Konrad Meyer,*) geboren am 3. September 1824 zu Winkel bei Bülach, den ersten Rang ein. Der äußere Lebensgang dieses sinnigen Poeten, der auch die schriftdeutsche Lyrik und das religiöse Epos mit bedeutendem Talent gepflegt, hat sich in so einfachen Rahmen bewegt, daß die Momente für eine Biographie fast mangeln.

Da seinen Eltern die Mittel fehlten, ihm weitere Schulstudien zu vermitteln, trat Meyer, nachdem er Ende der Dreißiger Jahre die Sekundarschule seiner Heimatgemeinde besucht hatte, in die Kanzlei des Statthalteramtes Bülach ein und wurde im Jahr 1851 durch das Vertrauen seiner Mitbürger zum Gemeindepräsidenten und Bezirksrichter gewählt. Dann wurde ihm im Jahr 1862 ein Amt in der Verwaltung der schweizerischen Mobiliarversicherungsgesellschaft angetragen, und seither lebt er als Hauptagent und Inspektor dieses Instituts zu Zürich.

So einfach dieser äußere Rahmen der Schicksale Meyer's ist, so reich ist dieses Dichterleben an innerem Wachstum und psychologischer Entfaltung, und wenn Meyer mit seiner tiefpoetischen Natur als Dichter weder der Heimat noch der Fremde in dem Maße bekannt geworden ist, welches seiner dichterischen Bedeutung entspräche, so trägt die Bescheidenheit, mit der er seine Poesien in die Welt gesendet, wohl die wesentlichste Schuld daran.

Früh schon wandte sich der junge, wissensdurstige Mann, der das Bestteil seiner außergewöhnlichen Bildung durch Studium im stillen Kämmerlein erworben hatte, der Mundart und ihrer Dichtung zu und gab bereits als Zwanzigjähriger sein erstes Bändchen schweizerdeutscher „Gedichte" heraus,

---

Quellen: Konrad Meyer's Werke. A. Hinrichsen, das literarische Deutschland. Robert Weber, Nationalliteratur der deutschen Schweiz. Bd. 3.

doch bald folgten diesen auch schriftsprachliche Sänge, 1847 die „Geistlichen Lieder", 1848 die „Jubellieder", 1854 das romantische Heldenlied „Die Jungfrau von Orleans", 1856 die „Lieder der Armut"; außerdem 1857 „Die Schulreise", eine vom zürcherischen Verein gegen Tierquälerei gekrönte Preisschrift, 1876 – 80 „Kampf= gespräche".

Als Grundton zieht durch Meyer's Poesie ein reiner Hauch religiösen Empfindens, das sich, durch ein sinniges Lau= schen an den Geheimnissen der Natur angeregt, mit einer zarten Pietät für alles Erschaffene verschwistert. Seine Gedichte sind die Lieder eines frommen Gemüts, welches sich mit der Natur und Gott eins fühlt, und voll erbarmender Liebe für Un= glück und Armut ist, so daß in ihnen oft weiche, elegische Saiten anklingen. Sie zeichnen sich aus durch hohe Vollendung der Form und innigen Wohllaut, um dessen willen manche der= selben, z. B. „Abendlied", „Sommerlust" 2c., componirt worden sind.

Als Konrad Meyer im Jahr 1860 die zweite Auflage seiner „Gedichte in schweizerischer Mundart als Beitrag zur hundertjährigen Geburtsfeier J. P. Hebels" erscheinen ließ, wurde wohl kaum ein anderer Kranz alemannischer Poesie auf den Altar dieser Feier niedergelegt, der so wie dieser im Sinn und Geist des Meisters zusammengetragen wor= den war.

Namentlich die allerliebsten Tierbilder, z. B.: „Der Distelfink", „Der Wunderstaat der Bienen", er= innern trotz ihrer durchaus originellen Fassung, durch die Feinheit der Zeichnung, durch die geschickte Art, wie der Dichter das Tierleben mit dem Menschenleben in Beziehung setzt und durch die Lieblichkeit ihres Humors an die gleich= artigen Lieder Hebels: „Das Spinnli", „Der Storch", und sind, wie diese, treu und doch poetisch geklärt nach dem unmittel=

baren Lebenseinbruck dargestellt. Welch reizendes Bildchen ist
z. B. das Gedicht: „Das Spätzchen".

„De Liebgott hät zum Spätzli gseit:
Wenn d'Hunger häst, so nimm was lit,
J haber All's vor's Chöpfli gleit,
Wenn d'Hunger häst, so muetzt nit wit.

De muetzt im Winter au do si,
Wenn's asse chudet, schneit und macht.
De bist halt wäger bbring und chli,
Drum nimm; was findst bi Tag und Nacht.

Und 's Spätzli denkt: So gohni denn,
J han ja 's göttli Recht derzue,
J flüge grad vor's Müllers Tenn,
De Hunger loht mer sust kei Rueh.

Nei lueged au, wie's Waitze pickt,
Wie ischs froh, wie hät's en Glust!
Potz Blitz! de Müller hät's erlickt,
De Sackerlot, er chunnt dei just!

Und mit der Geißle stäubt er dri:
„Goscht furt, du chline Waitzedieb!"
Und 's Spätzli denkt: Es blibt derbi,
Au dir ist ja de Waitze lieb!

Zwar macht's nit lang, es folgt uf's Wort,
Die Geißle hät's ja chönne geh.
Es flügt nu an en anders Ort,
Do darf's ungfraget Chörnli neh.

Es pickt dei just vor's Wächters Hus,
Drin wohned grusam brauni Lüt,
Si gschnd das Spätzli, chli und chrus,
Und winked: chumm, mer thuendoder nüt.

Nei au! es darf uf d'Simse stoh,
Sie gänd em grütz vum Chillebrot!
Wie pickts! wie nickts! wie ischs froh;
Hät's derig Lüt, so ist kei Noth.

Es seit zum Wächter: „Sender, Ma,
De Liebgott hät ja zuemer gseit,
J müeß durchus kei Hunger ha,
Er heb mer All's vor's Züngli gleit."

„Drum nimm i halt, was umme lit,
Drum nimmi, was i chäue cha;
Es ist gar bös zur Winterszit,
Do bin i mängsmal übel dra."

Es pickt nu z'vollig d'Brosmen uf,
Und äugelet die liebe Lüt,
Und schwänzelet, und seit denn druf:
„Jez lebed wohl und zürned nüt!""

Frisch und fröhlich sind auch Meyers „Rigilieder", durch die der würzige Odem des Berg- und Ferienlebens weht, seine bedeutendsten Gedichte aber sind das Idyll: „De Heuet", ein traulich fesselndes Bild aus dem zürcherischen Bauernleben, und das „Gespräch über den besten Stand", eine humoristische Verherrlichung des Bauernstandes, welche bei Schulanlässen schon oft als kleines Festspiel von der Jugend aufgeführt worden ist.

Ueberhaupt bewegt sich Konrad Meyer mit Glück im Anschauungskreis der Jugend; sein „Haggema", sein „Trubehansli", seine „Warnung" und sein „Landmann im Frühjahr" sind Perlen der zürcherischen Kinderliteratur und nähern den Dichter einem Staub, Bänninger, Rüegg und Schönenberger, den vorzüglichsten Pflegern dieser Poesiegattung.

In der Behandlung der Sprache zeichnen sich seine Gedichte aus durch den leichten Fluß der Strophen und Reime, durch die Würze ächt volkstümlicher Wendungen und Ausdrücke und eine Kraft, welche mit künstlerischem Feinsinn alle stoßenden Derbheiten vermeidet.

Ein mit demjenigen Konrad Meyer's verwandtes Talent

bezeugt **Otto Haggenmacher,***) geboren den 21. Februar 1843 in seiner Vaterstadt Winterthur. Seine Mutter war die treffliche Schriftstellerin Susanna Kübler, deren „kluge und einsichtige Schweizerin" tausenden und tausenden von jungen Frauen eine treue Beraterin war, und in Johannes Scherr, dem politischen Kämpfer von 1848, dem berühmten Professor und scharfschneidigen Schriftsteller, der seiner Gattin unter dem Titel „Nur eine Frau" in der „Gartenlaube" einen so rührenden Nachruf gewidmet, fand er nach dem frühen Tod seines eigenen Vaters seinen Stiefvater.

Seine Jugend verbrachte Otto Haggenmacher in Stuttgart, nach der Flucht Johannes Scherrs im Jahr 1848 bald in Zürich, bald in Winterthur. Als Jüngling wurde er Student der Theologie und wirkte nach größeren Reisen im Ausland von 1866—1871 als Pfarrer in Richtersweil, von wo er in letztgenanntem Jahr an die St. Peterskirche in Zürich berufen wurde und sich als Kanzelredner einen vorzüglichen Namen erwarb. Dennoch trat er 1888 von dem Stand der Geistlichen zurück und lebt seither als Professor der deutschen Sprache an der Kantonsschule in Zürich.

In schriftdeutscher Sprache gab Otto Haggenmacher 1873 „**Dichtungen (lyrische und epische)**", 1874 „**Atlantis**", ein Epos, 1878 „**Neue Dichtungen**", 1881 die Erzählung „**Danae**", 1884 „**Die Gefangenen, Geschichten und Bilder in Arabesken**", 1887 „**Still und bewegt, neue Dichtungen**", und außer diesen poetischen Werken zwei wissenschaftliche Abhandlungen über den „**Ursprung der Religion**" und „**Sebastian Frank**" heraus; Novellen und Gedichte von ihm finden sich in verschiedenen Zeitschriften, z. B. in Robert Weber's „Helvetia".

Seine mundartlichen Gedichte sind in den vorgenannten

---

*) Quellen: Otto Haggenmacher's Werke. Mündliche Mitteilungen.

Sammlungen, sowie in verschiedenen Zeitschriften zerstreut. Seine „Feuf Züritütschi Gsätzli" in dem Buch „Still und bewegt" sind voll fröhlicher Laune und Lebendigkeit, die Anschauungs- und Redeweise ihrer Gestalten aus dem vollen Volkstreiben gegriffen, „D' Wöscherwyber" in der „Helvetia" 1888, ein drolliges Bild aus dem Mägdeleben, durch künstlerische Abrundung und bedeutenden poetischen Gehalt ausgezeichnet das Idyll: „'S Büebli und be Mond".

„De Mond schynt hell i d'Maienacht. Es Büebli ist nu wach
Und rüeft: „Chumm, Mueter, gschau de Mond det über 's Nachbers
Dach!"
Und d' Mueter chunnt und nimmt de Schatz uf d' Schooß und chüßt
em druuf
Sis herzig Gsicht und lueget au zum Mond am Himmel uuf.
De gaht so lys, so müüslistill sin Weg dur 's Sternfäld hy,
Und Wülchli, wullig wyß wie Schaaf, ziend sachti dra verby.
Und still wird 's au i Berg und Tal, es rüft sie Alls zur Rue.
Der Abigwind ellei no weht dur 's Bluest hi ab und zue.
Da fragt das Büebli eismals dänn: „Säg, Müeterli, wer znacht
De Mond an Himmel stellt, und säg mer au, wer hät en gmacht?"
Und d'Mueter seit: „Min liebe Schatz, de Herrgott schickt en uus.
Er hät en gmachet, daß er znacht erlüüchti Hof und Huus!"
„Säg, Müeterli, fahrt 's Büebli furt, „was hät de Mond na z'tue,
Wänn Alli schlafe ggange sind und d' Aeugli schlüüßed zue?
Er bruucht ja nümme z'schynne dänn, wänn Alli schlafe tüend,
Und 's ist ja wieder heiter, wenn 's am Morgen ufstah müend."
„Wänn Alli schlafe ggange sind, dänn styged d' Aengel lys
Uf d' Erde und fi schrnted still dur Wald und Säld und Wis
Und wäbed dänn ganz hübschcli es Grwand us luuter Duft
Und sticked Diamante dry und Chralle chlar wie Luft,"
Und leged dänn das prächtig Grwand de Pflanzen allen a,
Und jedes Blüemli, jede Halm mues sini Chralle ha.
Drum daß si ordli wäbed, luegt de Mond vom Himmel zue
Und seit, wenn s' fertig sind: Nu gönd ihr Aengel au zur Rue,
Und staht am Morge d' Sunnen uf und gugget über d' Au,
So blitzt's und glitzeret's überal vom chlare Morgetau."
„I möcht emal so Aengel gseh," seit 's Büebli. „Schatzechind,

Me cha i' halt nid wie d' Mänsche gfeh, wil's nid wie Mensche find.
Und doch find i' da. Vil chömed au zu guete Chinde znacht
Und halted, schlafed d' Chinde, still an irem Bettli Wacht.
Und wird eis chrank, so hälfed i' gern den Eltere i der Not,
Und mues eis sterbe, träged i' es dänn hei zum liebe Gott.
Und daß sie besser wache chönd und nüd verfuumed, stäht
De Mond am Himmel znacht und luegt, daß Alles richtig gäht."
"Säg, Müeterli, wird dänn de Mond nüd schüüli müed dernah?"
"Wowol, min Liebe, au de Mond will öppe Schlafznt ha.
Dänn zieht er d'Chappe über's Gsicht und seit: Jhr Lüüt, guet Nacht!
Und seit zun Sterne: Liebi Sründ, händ ihr iez für mich Wacht.
Und wenn er 's gern, wien öppe mir, so rächt bumadig hett,
So macht er si us Wulcheflum e rächt behaglis Bett."
"Da hät er rächt," seit 's Büebli gschwind, „de Mond ist gschyd
                                                     und guet,
Jez aber säg mer na, worum er öppe schile tuet?
Und gspäßig dunkt's mi, daß er chan an allen Orten sy;
Me mag nu laufe, wo me will, so ist de Mond deby.
Weist, wo mer furt vom Aetti find, so hämm mer'n det ja gseh,
Und iezed simm mer ja diheim, und schynt er nu na meh."
Da lachet d' Mueter: Liebe Schatz, i mein, du bist nid gschyd.
Was du nüd alls im Niggel häst! De Mond, de schiled nid.
Doch luegt er d' Lüüt au öppedie es bitzeli bös a,
Und bsunders au di chlyne Chind, händ i' öppis Urächts ta.
Los nu, min Schatz: Es ist emal es Lächersbüebli gsy,
Das hät gern Obs im Bungert gfickt, hät 's Niemert gseh deby.
Und au emal na zabig spat schlycht 's furt, go Birre neh,
Und wott mit volle Secke hei, und meint, 's heb 's Niemert gseh.
Doch Oepper hät 's wol gseh — de Mond, wo just ufggange ist;
De dänkt: Wart nu, du chlyne Schölm, hüt nützt der nüt di List.
Das Büebli ränt, so vil's nu mag, es wird em angst und weh,
Und ränkt 's um d' Eggen au, 's hilft nüt, es mues de Mond doch gseh.
Und luegt 's en a, so chunnt 's em vor, er gsäch ganz füürig us
Und wink em zue. Dem Büebli wird 's ganz füttigheiß vor Gruus,
Und alli Birre wirft 's eweg vor Angst und ränt devo,
Als rüefti luut de Mond em nah: Schölm Schölm, i känn di scho!
Und wo 's so spat erst hei cho ist, voll Angst na und erhitzt,
Da hät 's sin Vater nah zum Loh es bitzli duregfizt.
Jetzt weist, min Schatz, worum de Mond chan überal hy gäh;

'S ist drum, daß Kein, wo bösge tuet, der Straf etrünne cha. —
Säg, häst du öppen au scho gficht?" fragt d' Mueter zletste do;
Und 's Büebli schwnget, luegt in Mond, und d'Tränli wend em cho.
Dänn seit 's: „J ha na nüt so ta, und will nie derigs tue."
„Se, las mi luege," d' Mueter seit, „was meint de Mond dezu?
Wowol, 's ist guet. Er gugget ja mis Büebli früntli a.
Und drum, wil d' au so brav gsy bist, muest morn en Batze ha.
Jezt aber isch es Zyt i's Bett, bätt na und dänn: Guet Nacht!
Jhr Aengel und du liebe Mond, händ bi mim Schatz guet Wacht."
Und 's gaht nid lang, so schläflet scho das Büebli glückli y,
Und dur sis Chöpfli sch waäbed Träum so zart wie Vollmondschyn."

Einige hübsche mundartliche Gedichte: „Drohung",
„De Leckersbueb", „'s Annebabeli", welche die kurze,
kräftige Volksprache glücklich treffen, sind auch enthalten in
den „Gedichten" (1850) von Dr. Jakob Kübler, ge=
boren 1827 zu Winterthur, seit 1851 Pfarrer zu Nestenbach,
der sich durch das „Heldenbuch der Schweiz", 1856,
durch die „Neuen Gedichte", 1863, und durch seine
„Erzählungen aus der helvetischen Revolution"
als poetischer, durch önologische Schriften als landwirtschaft=
licher Schriftsteller einen bedeutenden Namen erworben hat.

Nachdem schon Corrodi in seinen „Geschichten" in der
Erzählung „Ein Wespenstich" die zürcherische Mundart mit
Glück auf novellistischem Gebiet angewandt, hat Karl Bie=
dermann mit seinen „Erzellige us Stadt und
Land" 1888 auf diesem Felde der Dialektdichtung einen be=
deutenden Erfolg errungen.

Karl Biedermann wurde im Jahr 1824 als Pfarrers=
sohn zu Pfungen geboren, erlernte als Jüngling das Handels=
fach, und nach einem achtjährigen Aufenthalt in der Fremde
gründete er sich ein eigenes Geschäft zu Wyl auf dem Nazzer=
feld. In seinen freien Stunden widmete er sich mit Vor=
liebe dem Studium der allgemeinen und lokalen Geschichte
und als Frucht dieser Studien erschien von ihm im Feuille=

ton der „Bülach-Dielsdorfer Wochenzeitung" im Jahr 1881 eine „Geschichte des Bezirkes Bülach", 1882 eine „Geschichte des Bezirkes Dielsdorf", späterhin veröffentlichte er im Feuilleton des „Landboten" mundartliche und schriftdeutsche Novellen und ist gegenwärtig auch Mitarbeiter am Sonntagsblatt des „Bund". In den „Erzellige us Stadt" sind eine Anzahl seiner mundartlichen Novellen in Buchform gesammelt; weitere Veröffentlichungen stehen bevor.

Die Stärke und Schönheit der Biedermann'schen Erzählungen liegt nicht sowohl in einem großen poetischen Gehalt oder in einem künstlerischen Aufbau, denn sie sind in dieser Beziehung überaus schlicht, ja fast kunstlos; sondern in der Fülle von feiner, glücklicher Beobachtung und Belauschung unseres Volkslebens und einer geschickten Verwendung culturhistorischen Materials, auf dessen Untergrund die Gestalten als treugezeichnete Kinder ihrer Zeit und Sitte einherwandeln. In dieser Richtung sind namentlich die beiden Erzählungen „Als der Großvater die Großmutter nahm" eine Winterthurergeschichte aus dem vorigen Jahrhundert, und „Wie b' Strauhüet uf's Rafzerfeld cho sind", ausgezeichnete novellistische Bilder, während: „E Reis uf Karlsrueh abe" die andern an poetischer Anmut überragt.

In anerkennenswerter Reinheit und behaglicher Breite strömt aus diesen Erzählungen, deren Kern gewöhnlich eine einfache Herzensgeschichte ist, die zürcherische Volkssprache, gewürzt von einem freien, aus dem Volksleben sich von selbst ergebenden Humor und weht uns an wie Heimatluft, so daß man sich beim Lesen dieser Geschichten angenehm in die Anschauungen und Lebensverhältnisse des zürcherischen Stadt- und Landvolks in vergangene Zeiten versetzt.

Wie Karl Biedermann das Erbe Corrobi's auf dem Feld der poetischen Erzählung übernommen hat, so sind anderen seine mundartlich dramatischen Werke zum Vorbild geworden; doch darf im Voraus bemerkt werden, daß ihn von allen seinen Nachfolgern keiner an dichterischer Kraft erreicht hat.

Unter den Versuchen dieser Art sind diejenigen Leonhard Steiner's, der auch durch die Vielseitigkeit seiner Talente an Corrodi erinnert, am bekanntesten geworden. Leonhard Steiner wurde 1836 als ältester Sohn eines Kaufmanns in Zürich geboren und hatte das Glück, als Gymnasiast und angehender Kaufmann eine ziemlich umfangreiche Bildung zu genießen und in drei Wanderjahren, die ihn nach Oberitalien, England und Frankreich führten, die Welt kennen zu lernen.

Von 1858 bis 1882, erst als Anteilhaber des zürcherischen Rohseidenhauses Usteri, Muralt & Cie., von 1863 bis 1866 als Vicedirektor der schweizerischen Kreditanstalt, von da an als Leiter eines eigenen Seidengeschäftes kaufmännisch tätig, wandte er sich vom Handelsfach, das ihm mehr Dornen als Rosen gebracht, der Kunst zu und lebt seither als Aquarellmaler und Schriftsteller zu Hottingen.

Schon als Kaufmann hatte Leonhard Steiner in den geselligen Kreisen Zürichs und namentlich in der Sektion Uto des S. A. C., der er einige poetische Reiseschilderungen in Mundart, z. B. "Glärnischfahrt" 1879, widmete, als launiger Gelegenheitsdichter einen bedeutenden Ruf erlangt und ermuntert durch den Beifall, den seine Erstlinge gefunden, führte er sich durch eine Reihe mundartlicher Lustspiele in die Dramatik ein.

Im Jahr 1883 erschienen seine "Lebedi Bilder" in vier Akten, und "Weggen und Mühlerad", in den folgenden Jahren eine Reihe von Einaktern: "Au en Verein", "Zwüschet Eis und Zwei", "'s Englischhränzli" 2c., dann das dreiaktige: "Edelwyß" und "Am Sängerfest".

Alle diese größern und kleinern Lustspiele ziehen ihre Stoffe aus dem Leben der Stadtzürcher. Demgemäß liegt auch die Anmut der Sprache und Charaktere mehr in einer gewissen Zierlichkeit als in einer volkstümlichen Kraft; doch ist Leonhard Steiner dadurch auch dem Possenhaften und Allzuderben ferngeblieben, das unserer mundartlichen Dramatik vielfach anhaftet und ersetzt dieses glücklich durch einen heimeligen Humor.

Das bedeutendste unter seinen Lustspielen ist „Edelwyß", worin er mit Geschick das Kur- und Touristenleben des Hochgebirgs als Rahmen für eine allerdings einfache Handlung verwendet. Das Interesse dieser concentrirt sich auf die jugendliche Malerin „Berta Brunner", eine Gestalt, die eines warmen Hauchs der Poesie nicht entbehrt, während andere Figuren, z. B. diejenige des Bergferen „Eduard Wirz" ein sehr diskretes Spiel erfordern, um lebenswahr zu erscheinen.

Neben den besten Stücken Leonhard Steiners hat der dramatische Verein in Zürich, der sich ein großes Verdienst um die Hebung des mundartlichen Theaterstücks erworben, namentlich auch das „Züritüütsch" von Wilhelm Fürchtegott Niebermann mit Erfolg auf die Bühne gebracht.

Ein Teil des Beifalls, den dieses Stück fand, ist wohl auf einen tendenziösen Zug desselben zu setzen, indem es wesentlich eine Verherrlichung des rauhen, etwas unbeholfenen zürcherischen Charakters und Dialekts gegenüber feinem Weltschliff und schriftdeutscher Phrasenfertigkeit ist; ein anderer auf die in der Tat gesunde Idee, einen für Politik und Vereinswesen schwärmenden jungen Mann seiner Familie, die durch ihn an den Rand des Verderbens gerät, mittelst allerlei bitterer Erfahrungen wieder zu gewinnen.

Unter den Charakteren ist namentlich „Götschi" eine hübsche humoristische Figur, auch die Vereinsbrüder sind nach dem Leben gezeichnet. Dabei gebietet der Verfasser über eine bedeutende Bühnentechnik, so daß das Stück, wenn es auch so wenig wie Corrodi's oder Steiner's Lustspiele auf psychologische Tiefe Anspruch zu erheben vermag, zu den beachtenswertesten Anläufen der zürcherisch mundartlichen Dramatik gehört.

Der Verfasser desselben, 1841 zu Zürich geboren, studirte eine Zeit lang Theologie, wandte sich dann aber der Journalistik zu und lebt, nachdem er sich mehrere Jahre im Norden aufgehalten, als Redaktor des „Merkur", eines volkswirtschaftlichen Wochenblattes, als Mitarbeiter und Feuilletonist mehrerer großer Zeitungen und geschätzter Theaterrecensent zu Zürich.

Außer dem „Züritüütsch" sind von W. F. Niedermann noch vier einaktige mundartliche Lustspiele: „Terzett mit Hindernisse", „Us em Welschland", „Ferieversorgig", „Zwo Abrechnige", im Druck erschienen und ein anderes, nur in Manuscript vorhandenes Lustspiel von ihm: „Im Wümmet", ist zu wiederholten Malen aufgeführt worden.

1888 tauchten auch im Buchhandel „Kleine Volksdramen für dramatische Vereine und Familienkreise" von J. C. Wild=Lüthy auf, welche neben einigen schriftsprachlichen auch die mundartlichen Arbeiten „De Prozeß", eine Idylle, „Die Mülleri", eine Posse, und die ländliche Scizze „Er häb öppis vergesse" enthalten. Sie sind von Freundeshand herausgegeben, denn der Verfasser derselben, geboren 1806 zu Richterswil, der erst als Soldat in französischen und neapolitanischen Kriegsdiensten, dann als Schiffscapitän zu Luzern, später als Teilhaber der Firma Vogt & Wild zu Küsnacht am Zürichsee lebte, ist schon 1872 gestorben.

Erwähnen wir zum Schluß noch die mundartlich dramatischen Bestrebungen Ulrich Farners: „Es Gheimnis us der **Schoffelgaß** und us em **Nieberdorf**", „**De letzt Postillon vom Gotthard**" ꝛc., diejenigen J. Nötzli's: „**Der Abigschluß vom Schlußabig**", und J. J. Rahm's: „**Am Geburtstag**" ꝛc., so haben wir damit die äußerste Grenze der mundartlichen Hervorbringungen erreicht, welche in den Rahmen einer literarischen Darstellung gezogen werden können.

Unzweifelhaft ist das mundartliche Drama das dankbarste Feld, auf dem die schweizerischen Dilettanten- und Volksbühnen ihre Freude am Schauspiel betätigen können und die Erfahrung belegt es, daß ein mundartliches Theaterstück in unsern Volkskreisen eine freundliche Aufnahme findet, sofern es auch nur den bescheidensten Ansprüchen dramatischer Kunst genügt, ja die bereits vorhandene mundartlich dramatische Literatur hat das Gute gewirkt, daß durch ihre Concurrenz eine Reihe geist- und characterloser schriftdeutscher „Lustspiele" von den schweizerischen Volksbühnen verschwunden sind.

Allein, daß diese Literatur noch selber einer bedeutenden Vervollkommnung und Vertiefung bedarf, wenn sie ihren Platz voll und ganz ausfüllen soll, steht außer Frage; bis jetzt hat sie sich begnügt, an der Oberfläche unseres Volkslebens zu schöpfen; die Volksstücke, wie sie einige österreichische Dialekte besitzen, fehlen uns ganz.

Uebrigens scheint unsere alemannische Mundart, die sich für dramatische Charakteristik wohl vortrefflich eignet, doch für das Drama selbst ein zu enges Gefäß zu sein, um jene tiefen seelischen Conflicte darzustellen, die in den Begriff des ächten Schauspiels hineingehören.

Freuen wir uns immerhin der anerkennenswerten Versuche, welche in dieser Richtung gemacht worden sind, und beglückwünschen wir alle diejenigen, welche die Mundart mit einem ernsthaften Streben nach künstlerischer Gestaltung dichterisch bebauen.

Die mundartliche Kinderliteratur.

Von jeher hat sich die mundartliche Poesie als eine treue liebevolle Freundin der Jugend erwiesen. Die ältesten Denkmäler unserer Heimatsprache sind Reime, die im Mutter= und Kindermunde leben:

„Rite, rite, Rößli,
S' Bade staht es Schlößli,
S' Rom staht e goldis Hus,
Lueget drei schön Jumpfere drus,
Die eint spinnt Side,
Die ander schnetzlet Chride,
Die dritt spinnt Haberstrau,
B'hüet di Gott mis Chindli au!"

So weit greift dieses Gedicht in die Vergangenheit unseres Volkes zurück, daß sich darin in der Gestalt der drei schönen Jungfrauen oder „Mareien", wie sie in einer Variante des Liebs genannt werden, wenn auch etwas verwischt, die alt= germanische Vorstellung von den drei Nornen, den Schicksals= schwestern, erhalten hat. Nicht viel jünger mag das Lied sein: „Joggeli wott go Birli schüttle, b' Birli wend nib falle", und manche andere wie „Engeli, Engeli Zitli, weck mi morn bizitli" reichen wenigstens um Jahrhunderte zurück.

Zwischen Kind und Mundart besteht eine innige Lebens= gemeinschaft, denn die kleine Welt des Kindes, das Haus, das Dorf, die Heimat, ist auch die kleine Welt der Mundart, und die sinnlich kräftige Sprache des Mütterleins ist selber so sehr vom Hauch eines warmen, reinen Kindergemüts durchdrungen, daß sie wie das Mütterlein mit natürlicher Leichtigkeit zum Sinnen und Denken des Kindes herniedersteigt, daß sich in ihr die Vorstellungen des Kindes mit Farben sättigen, die Gegenstände mit einer Seele beleben und mit dem Odem der Poesie zu atmen beginnen, während die vornehmere Schriftsprache nur blasse Vorstellungen erzeugt und das Kind durch einen fremden Zug verwirrt.

Darum war die Kinderpoesie von jeher gerne mundartliche Poesie, die mundartliche Poesie, weil sie die Kraft besitzt, so tief ins Kinderherz hinein zu sprechen, gern Kinderpoesie. Unsere bedeutendsten Dialektdichter, ein Usteri, ein Stutz, ein Corrodi, haben ihrer Dichtung da die ausdauerndsten Flügel geliehen, wo sie, in die realistisch poetische Welt der Jugend hineingreifend, Stoffe behandelten, die wieder zum empfänglichen Sinn der Jugend sprachen, und auch ihre Nachfolger haben, sofern sie wenigstens nicht mit einem der Poesie und dem Kindergemüt gleich fremden Moralisiren den Blütenstaub der Unmittelbarkeit von ihren Gedichten nahmen und damit den feinfühligen Kindersinn verletzten, ihre schönsten Erfolge auf dem Gebiet des Kinderliedes und der Jugendschriftstellerei errungen.

Schon früher als die schriftdeutschen Kinderbücher August Corrodi's und viel früher als sein alemannisches Kindertheater war im Kanton Zürich eine mundartliche Kinderliteratur entstanden, welche gemeinsam mit schriftdeutscher Jugendpoesie durch hübsch illustrirte, billige Neujahrsschriftchen den Weg zu fast allen zürcherischen Kindern fand. Seit bald fünfzig Jahren jubeln je zur Weihnachtszeit tausend und tausend jugendliche Stimmen den Büchelchen entgegen, glänzen tausend und tausend Kinderaugen im Anblick der künstlerisch ausgeführten Bilder, lautiren tausend frische Lippen die mundart=

lichen Lieder, bis sie ein manchmal lebenslang anbauerndes
Eigentum des Gedächtnisses werden und in aller Munde fort=
leben. Diese Büchelchen haben mit ihren Rythmen und Reimen
in so vielen Kinderherzen die Flamme des Guten und Schönen,
der Heimatliebe und des Schweizersinns angefacht, in so
manches arme, sich nach Sonne sehnende Kindergemüt mit
einem warmen Strahl der Poesie hineingeleuchtet, daß wir
den Dichtern derselben mit Recht einen eigenen Abschnitt
zugestehen dürfen.

Als Vorläufer der mundartlichen Kinderliteratur, wie
sie uns so herzerfrischend in den Kinder= und Festbüchlein
entgegentritt, verdient der „Kalender für Kinder",
herausgegeben von J. J. Bär, Sekundarlehrer in Männe=
dorf, ein in Anlage, Durchführung und Ausstattung für seine
Zeit (1834—1841) gleich ausgezeichnetes, illustrirtes Kinder=
buch, eine Ehrenerwähnung. In dasselbe hat namentlich
Stutz viele mundartliche Gedichte geliefert, ferner findet sich
darin 1835 auch ein hübsches mundartliches Gedicht „De
Samichlaus" von Rudolf Tanner von Richtersweil
(1781—1853), dem Illustrator der Stutz'eschen „Gemälde
aus dem Volksleben" und von G. Wolf, Pfarrer in Seuzach,
neben andern auch das Gedicht: „Die Knaben auf der
Schlittbahn", das jetzt noch im Mund der zürcherischen
Jugend lebt:

    „Bube, Bube, liebi Bube
    sönd doch au hei Händel a;
    sönd die große Mensche zangge,
    aber ihr müend Friede ha" etc.

Der Begründer der spätern zürcherischen Kinderbücher ist
Johannes Staub,*) der das Feld der poetischen Jugend=

---

*) Quellen: Staub's Kinderbücher. Pädagogischer Beobach-
ter 1880.

literatur während 37 Jahren mit dem Geschick eines ächten Dichters bebaute und eine der ersten Stellen nicht nur unter den zürcherischen, sondern unter allen Jugendschriftstellern verdient hat.

Er wurde am 10. Dezember 1813 im Niederdorf zu Zürich geboren, verlor aber schon im Alter von zehn Tagen seinen Vater, und als der Knabe achtjährig war, wurde seine treue Mutter durch die Armut gezwungen, ihren Johannesli dem Waisenhaus zu Männedorf zu übergeben, in welcher Gemeinde sein Vater verbürgert war. Vier Jahre aß er dort das bittere Brod des Waisenknaben, bildete sich dann in Bendlikon zum Steingutmaler aus und wanderte, siebzehnjährig und konfirmirt, als Handwerksbursche bald arbeitend, bald fechtend, durch Süddeutschland, bis nach Hirschau bei Regensburg; dort erwachte im Umgang mit einem gebildeten Meister seine poetische Anlage und kam in den ersten Liedern, die Staub sofort drucken ließ, zu Worten.

Als der fünfundzwanzigjährige Steingutmaler und Dichter aus der Heimat von Thomas Scherr und dem neugegründeten Lehrerseminar zu Küsnacht hörte und ihm dann durch eine kleine Erbschaft die Mittel für seinen Unterhalt zufielen, eilte er, begeistert für den Beruf eines Erziehers, in sein Jugendland zurück, setzte sich zu Küsnacht noch ein Jahr auf die Schulbank und fand in Scherr nicht nur seinen vorzüglichen Lehrer, sondern bald auch seinen väterlichen Freund, der das poetische Talent des leicht erregbaren Zöglings mächtig zu spornen verstand. Ausgerüstet mit einem schönen Stück Welterfahrung und von liebenswürdigen Formen des Umgangs, dazu voll Mut und Aufopferungsfähigkeit für seine Freunde, unter welchen er zweien einst mit eigener, großer Gefahr das Leben rettete, wurde Johannes Staub der Liebling aller die ihn kannten.

Vom Frühjahr 1839 bis zum Frühjahr 1840 leitete er die Schule zu Ohringen bei Winterthur:

„Weit vom lauten Stadtgewühle liegt mein Gärtchen, traut und klein,
Wo ich pflanze, wo ich pflege holde Blümchen zart und fein"

und nach kurzer Lehrtätigkeit zu Dachseln, die Elementar= schule zu Fluntern, wo er sich in dreiunddreißigjährigem Dienst die herzlichste Anhänglichkeit von Alt und Jung erwarb. Im Schoß seiner Familie fand er einen vom Rosenschein der Poesie beglänzten Lebensabend. Am 11. April 1880, als der Lenz seine Blumen über die Erde streute und die Kinder sein Mailied sangen, legte der gemütvolle Lehrer und Dichter, der lebenslang ein Kind mit offenen Mannesblicken gewesen war, sein Haupt zur Ruhe.

Im Jahr 1843 hatte er sein erstes Kinderbüchlein hinaus zur frohen Jugend gesandt, im Jahr 1855 sein zwölftes und wegen des lebensfrischen Humors, der innigen Liebe und des innigen Verständnisses für die Kinderwelt, wegen einer naiven Religiosität, welche daraus herausleuchtet, haben sie bis zum Tod des Verfassers trotz aller Concurrenz immer wieder neue Auflagen erlebt.

Manche der darin enthaltenen mundartlichen Gedichte, so: „'s Marie gaht is Hüenerhuus", „b' Krämeri" ꝛc.*) sind in ihrer Art geradezu klassische Stücke und das Lied „Vom armen Gritli" wird so oft Tränen aus den Kinderaugen locken, als eine Mutter es ihren Kleinen vor= sprechen wird.

„Los, Gritli, los: Wie chutets au!
Wie hült und pfift de Wind!
Lueg, wie n er det dur d'Thüre
    blast,
Wie d'Schibe gfrore sind!

Ach min Gott, Chind, mir ist so
    weh,
Und d'Nacht wird schüli chalt:
Ach gang au, Gritli, gang is Holz!
Und gäl, de chunnst au bald?"

---

   *) Die Urheberin des schönen Gedichts: „'s Marceli und fls Geißli", welches sich auch darin findet, ist Fräulein Ötiker, Klein= kinderlehrerin in Stäfa.†

So hät en armi, armi Frau
Zu n ihrem Chindli gsait;
E schweri Chrankhet hät sie scho
Im Herbst is Bett ie gleit.
Und 's Gritli wüscht sie d'Äugli us,
Und leit fis Schöpli a;
Und dänkt: „Mis Müeterli, das mueß
En warme n Ofe ha."

Es lauft bergue, der Waldig zue,
Dur Is und Schnee und Wind;
Ach, 's Gritli ist gar fromm und guet,
Wie nüd vil Chinde sind:
Es chunnt zum große Tannewald,
Da gsehts keis Wägli meh,
's Ist All's am Bode n überdeckt,
's Hät nüd as Is und Schnee.

Da wird's em Angst; im große Wald
Ist es so ganz ällei:
„Ach", jamerets, „wie find ich au
De Wäg denn wieder hei?"
Do nimmt's e Hampfle Brösmeli,
Die i sim Täschli sind.
Und streuts in Schnee, wo's anne gat,
Daß es de Heiwäg find'.

Denn liest es düri Ästli uf,
Und suecht im wite Wald,
Und hät gar weidli Ernst,
Und 's Schößli füllt sie bald.
Wo 's Gritli witer gaht im Holz,
Da chömed d'Vögel druf,
Und fressed em si Brösmeli
Halt alli suber uf.

Da möcht das Chindli wieder hei,
Denn 's dunklet scho e chli,
Es suecht am Boden überall,
Und gseht kei Brösmeli.
Es suecht und suecht im wite Wald,
's Lauft ängstli hin und her,
Es rüeft, es schreit; sis Bürdeli
Wird ihm gar schüli schwer.

En chalte Wind pfift wüest dur 's Holz,
Und macht em bang und weh;
Es findt kein Wäg, es findt kein Stäg,
Es dunklet immer meh.
Und d'Nacht chunnt schwarz und isig chalt,
Es findt sin Heiwäg nüd,
Und d'Beinli sind em stif und schwer
Es frürt, es ist so mües.

Da schreits und sitzt in g'frorne Schnee,
Und fleht zum liebe Gott!
„Verlaß au du dis Gritli nüd!
Hilf du mir us der Noth!"
Und tusig Sternli lächlet druf
Ihm hell und fründli zue,
Es ist, als ob sie säge wänd:
„Chumm, Gritli, chumm da ue!"

Dem Chindli falled d'Äugli zue,
Vor Müedi schlummrets i.
De Herrgott schickt em schöni Träum
Vom warme Sunneschi,
Vom Garte volle Rosestrüch,
Vom Bäumli nett und stolz,
Vom Chriesibluest, vom — ach!
wie hült
De Byswind au dur 's Holz!

Wie schreit däheim das Müetterli,
Wie isch em angst und bang!
Sie rüeft, sie chlagt: „Mis
    Chindli ach!
Wo blibst du au so lang?"
Mit ihrem Schmerz ist sie ällei
Die ganzi langi Nacht,
So hät si uf em Chrankebett
Die Stunde durreg'wacht.

De Morge chunnt, da ghöred
    d'Lüt
Der Muetter Jammergschrei,
Und daß sid nächt das Griteli
Müd us em Holz cho sei.
Und, wäger, da hänads großi
    Angst,
Und sind erschrocke drab,
Denn alli Lüt händ 's Gritli
    lieb
Im Dörfli uf und ab.

Und Groß und Chli und Alles lauft
Und suechet rings im Wald;
Da findet fis; im Brombeerg'strüch
Sitzt s' Gritli starr und chalt.
's Lit mit dem Chöpfli uf sim
    Holz,
Es lächlet na e chli,
As ob em Öppis traume wurd;
's Ist halt — erfrore gsi.

Der Muetter trait me 's Lichli
    hei,
Doch sie hät's nümme gseh,
De Herrgott hät sie au erlöst,
Von allem Erdeweh.
Er hät's gar guet mit Beede
    g'meint,
Und 's Müetterli und 's Chind,
Sie händ kei Noth und Mangel
    meh,
Wil's iez im Himmel sind.

Mit einigen Tendenzromanen, welche Staub im Anfang der Vierzigerjahre herausgab, hatte er trotz ihrer schönen freiheitglühenden Sprache kein Glück, hingegen bewährte er sich als zeitweiliger Redaktor des „Republikaner" und des „Vettergötti", zweier Kalender, als tüchtiger Volks= schriftsteller, im „eibgenössischen Briefsteller und Geschäftsfreund" gab er den schweizerischen Handwerkern und Handelsleuten ein sehr brauchbares Buch in die Hand, sein „Aufsatzbüchlein für Ergänzungsschüler" erlebte eine Reihe von Auflagen und in der Volksschrift: „Die Pfahlbauten der Schweizerseen" hat er ein wissenschaftliches Thema in hübscher Art popularisirt.

Allein seine schriftstellerische Aber ging doch hauptsächlich auf das Gebiet der Kinderliteratur, die er im Jahr 1872 durch das illustrirte „Neue Kinderbuch", voll schöner, heiterer Kinderlieder, bereicherte und endlich erschien unter seiner Redaktion das „Bilderwerk zum Anschauungs= unterricht", dessen achtundvierzig Doppeltafeln in Farben= druck zwar keinen künstlerischen Maßstab ertragen, aber in dessen Anhang von Liedern, Erzählungen und Märchen Staub noch einmal aus dem reichen Fond seines Gemütes mit aller Wärme und Innigkeit zu der Jugend sprach.

Angeregt durch die dichterischen Erfolge Staubs vereinig= ten sich im Anfang der Fünfzigerjahre eine Anzahl Lehrer zu einer Gesellschaft, um die zürcherische Kinderliteratur im Sinne ihres Begründers weiter zu pflegen und zu bebauen. Obgleich dieser selbst sich diesem Vereine fernhielt, gedieh das Unternehmen in erfreulicher Weise. Lange Zeit war Jo= hannes Jakob Bänninger*) die Seele desselben.

Dieser gemütvolle, poetisch beanlagte Kinderliederdichter wurde am 24. Juli 1821 zu Embrach einer mit vielen Kindern bereits gesegneten Bauernfamilie geboren und genoß bei „Zeugnis", „Lehrmeister" und „Waserbüchlein", welche me= chanisch auswendig gelernt wurden, einen höchst dürftigen Volksschulunterricht, doch hatte er das Glück, von den ver= ständigen Eltern öfter Spielzeug zu erhalten und alle Jugend= freuden eines Dorflebens mitgenießen zu dürfen.

Nachdem er einige Jahre keinen Unterricht mehr genossen hatte, trat er 1836 als fast fünfzehnjähriger Junge durch die Vermittlung des Dorfpfarrers in die neu gegründete Sekundar= schule zu Embrach ein und wurde trotz seiner geringen Vor= bildung der Liebling seines Lehrers Stößner und 1838 Schul= präparand, was ihn überglücklich machte, so daß er jubelnd in die Worte ausbrach: „Jetzt kann es mir nicht mehr fehlen, jetzt werde ich Lehrer!"

Als Bänninger im Frühling 1838 wirklich Seminar=

---

*) Quellen: Bänningers Werke. Pädagogischer Beobachter 1880.

zögling wurde, übte Thomas Scherr auf ihn den nämlichen Zauber aus wie auf Joh. Staub, und als im Märzsturm ein Zug fanatisierter Landleute das Seminar bedrohte, da war auch er einer der vielen Treuen, welche bereit waren, für die Anstalt mit Gut und Blut einzustehen. Während seines ganzen Lehrerlebens ist er nie müde geworden, für Scherr, diesen ausgezeichneten Mann, den er so voll und ganz verstanden, mit flammendem Wort einzutreten.

„Der eine tadelt ihn mit frechem Munde,
Der Andre schießt nach ihm mit Pfeil und Bogen,
Und alle bauen auf des Meisters Grunde."

So schließt er eines seiner begeisterten Sonette auf denselben.

Schon als Seminarzögling hatte er während eines halben Jahres die Schule Wallikon bei Pfäffikon versehen, besuchte die Anstalt jedoch dann noch ein Vierteljahr unter Scherrs Nachfolger, Direktor Bruch, um am 1. November 1840 als patentirter Lehrer die Schule Geroldsweil bei Weiningen zu übernehmen, wo sich zwischen ihm und den Eltern eine innige Freundschaft entwickelte. Aus dem frieblichen, freundlichen Dörfchen wurde Bänninger im folgenden Jahr ohne sein Hinzutun nach Horgen versetzt und fand da in geistig regsamen Kollegen und insbesondere in Pfarrer Boßhardt Freunde und in Anna Suter, einer Handwerkerstochter, seine vorzügliche Gattin. Wie er schon als Knabe einen peinlichen Ordnungssinn, als Jüngling eine strenge Sittsamkeit an den Tag gelegt hatte, so wurde er jetzt ein überaus gewissenhafter Hausvater, der in seiner Familie die reinste Freude und im Kinderleben derselben die dichterische Stimmung fand, um jene naiven, mundartlichen Strophen zu dichten, welche die unmittelbare Frische von Gelegenheitsgedichten atmen — das Wort Gelegenheitsgedicht im Sinne Göthes genommen.

Wie reizend klingt sein:

„Frisch mueß mis Büebli rede
Und chräftig wien en Ma,
Denn cha me Freud am Büebli
Und a sim Rede ha.

Wahr mueß mis Büebli rede
En Lug ist nie erlaubt.
Wer unwahr ist im Rede,
Dem wird keis Wort me glaubt.

  Verständig mueß me rede,
  So bald me rede cha,
  En Plapp'rer und en Schwätzer
  Git nie ken rechte Ma" —

wie frisch aus dem Leben gegriffen das andere: „'s ist trurig wie 's em Joggeli gaht", das im Mund aller zürcherischen Kinder lebt, wie voll warmen ungekünstelten Gefühls das Lied „Ich bin en arme Hirtechnab", wie durchtränkt von Vater- und Mutterliebe das schalkhafte „Hans Joggeli, Hans Joggeli, be bist en chline Dieb", welch innige Naturlaute finden sich in dem herzigen Gedicht „Mis Gärtli", oder „Loseb au, wie tönt 's im Wald", Naturlaute, die wie ein Echo aus der eigenen Jugendzeit ins Ohr und in die Seele des Lesers tönen.

Bänninger war die Poesie eine liebe, trauliche Freundin, die ihm in vielen bitteren Stunden und Erfahrungen wie eine Trösterin vom Himmel zur Seite stand, und daß der Dichter, der im Schlußwort seiner lyrischen Stimmen bescheiden sagt:

  „Singlustig bin ich, doch kein Sänger,
  Den man recht froh willkommen heißt",

zuweilen auch Laute rührender Gewalt gefunden, mag das nachfolgende Lied belegen, das er dichtete, als ihn der Tod zweier Kinder an den Rand des Irrsinns trieb:

  „Wenn ich einst eingeschlafen bin,
  Gewährt im Tod mir diese Bitte,
  Legt mich zu meinen Kindern hin,
  Gebt mir ein Grab in ihrer Mitte!

Dann streck ich meine Arme aus,
Nach rechts und links, sie zu umfangen,
Die schlummerfroh im engen Haus
Im Tode mir vorausgegangen.

Ich trotze jeder Scheidewand,
Die mich von meinen Kindern trennet,
Ich fasse sie mit starker Hand,
Bis ihre Näh mir Ruhe gönnet."

Der Dichter, der so ächte Herzenslaute fand, stand in den Sechziger und Anfangs der Siebziger Jahre mitten im Kampf der politischen und der Schulparteien; allein so sehr es für die Fortschrittsmänner jener Zeit eine Freude war, mit dem Wackern Seite an Seite zu stehen, für ihn selbst war es kein Glück.

„Es gleicht mein Herz dem tiefen See,
Drin Fischlein froh sich wiegen.
O werfet keinen Stein hinein,
Sonst bleibt er ewig liegen"

singt er, und ein Mann mit einem solchen Herzen ist aus zu weichem Stoff für das Parteigetriebe. Trotz manchen Sonnenstrahls, der noch sein Alter traf, trotzdem seine Amtsgenossen im ganzen Kanton in ihm eben so sehr den ausgezeichneten Methodiker und Schulmann als den Dichter ehrten, trotzdem ihm Alt und Jung in seinem Wirkungskreis zu Horgen die rühmlichste Hochachtung und Liebe entgegenbrachte, trotzdem ein Sohn und eine Tochter zu seiner Freude Mitglieder des Lehrerstands wurden, fiel er immer mehr einer Melancholie anheim, die schließlich zum Wahnsinn wurde. Nachdem der unglückliche Mann umsonst in den Bergen Heilung gesucht, ereilte ihn auf der Rückkehr zum heimatlichen Herd ein trauriges Verhängnis, indem er am 16. Juli 1880 zu Bonstetten von den Wagen des Zuges überfahren wurde, der ihn seinen Lieben daheim hätte bringen sollen.

Die reizendsten von Bännigers Kinderliedern sind in einer Anthologie: „**Blumenleben**", eine Auswahl seiner übrigen mundartlichen und schriftdeutschen Gedichte in den „**Lyrischen Stimmen aus dem Volke**" gesammelt; seiner Lehrtätigkeit hat er durch seine ausgezeichneten methodischen Schriften: „**Ein Tag in der Schulstube**" und „**Der Unterricht im ersten Schuljahr**", ein dauerndes Andenken gesetzt.

Acht Jahre früher schon war ein anderer liebenswürdiger Sänger der Kinderwelt, **Heinrich Rüegg**,*) der treue Freund und Mitarbeiter Bännigers, auf einer ährenschweren Garbe herrlicher Jugendlieder eingeschlafen. Staub, Bänniger, Rüegg – schwer dürfte es zu entscheiden sein, welcher von ihnen mehr poetische Gewalt über das Kindergemüt besessen hat. Beobachtete Staub das junge Leben mit dem Auge eines Sonntagskindes, das tiefer als andere blickt, belauschte Bänniger die heitere Seite der Kinderseele mit dem feinfühligen Herzen eines liebevollen Vaters, so flüstern und kosen, lachen und weinen die Kinderlieder Rüeggs mit der Jugend in den unmittelbaren Tönen des Volksliedes und lassen fast vergessen, daß ein einzelner Dichter, nicht die Volksseele selbst, diese Lieder geschaffen hat.

Könnte z. B. das Gedicht: „**Wenn i es Rößli hett**" nicht, wenige Ausdrücke abgerechnet, ein altes Volkslied sein:

„Wenn i es Rößli hett,
Wett i brav rite,
Wenn i uf Basel wett,
Gieng i bi Zite.
Mitte dur Majeftrüß,
Zmitzet im Laub
Riten ich wie en Prüß —
Lueg au dä Staub!

Chumm i an Hauestei,
Chan i druf ufe;
'S Rößli und ich ällei
Tüend is verschnufe;
Lueged en Augeblick
Aben i's Tal:
D'Berg, die sind ebig dick,
D'Flüß, die sind schmal.

---

*) Quellen: Schweizerische Lehrerzeitung 1872. Heftbüchlein für Kinder 1860—72.

'S dunklet, i glaube faſt,
'S tägnet ſcho Zyſe.
Rößli, jetz lauf, was d'chaſt,
Lauf wie de Byſe.
D' Yſebahn wien en Pfyl
Slügt is vorus;
3'Baſel im Chopf derwyl
Südet's im Brus.

Glitzred nüd Chilletürm
Det dur de Saſel?
Lueg au das Gläuf und Gſtürm,
Seſt, das iſt Baſel!
Gaſſe, faſt ewig lang,
Sus über Sus;
Muſik und ſchöne Gſang
Tönt dezue us.

D'Rhynbrugg, potz tuſig ja,
Wämm mer go gſchaue,
Wo mer ſpaziere cha,
Manne und Fraue.
Alles im Herreſtand,
Lueg au die Lüt;
Alles im Sunntiggwand,
Schöner nützt nüt.

Rößli, da ſimm mer jetz,
Wo mer händ welle.
Aber da abe zieht's —
Soll der brav bſtelle?
Allwäg na ſo me Ritt
Gitt me der, lueg!
Waſſer, ſo vil daß d' witt,
Saber bis gnueg.

und wie treu iſt Rüegg dem Kindergeiſt, wie naiv in ſeinem „Badenerchra":

„Mis Müetterli chunnt vo Bade
Und bringt mer öppis hei.
De Chorb iſt purzet blade,
Was ächt drinn inne ſei?

Sä, Weggli hät 's und Pfändli
Und Gſchirr und Allerlei,
Juhe es Gaugelmännoli,
J gſehn em ſcho es Bei.

Er hät vill z' dünni Wade,
Doch luſtig iſt er glych,
Me zieht en amme Sade,
Denn tuet er grad wie'n ich."

So hat Rüegg in allen ſeinen Kinderliedern die ächten, reinen Laute der Kinderſeele, oft voll fröhlichen Humors wie im „Suppenſchüch", oft auch nur mit einem ſchalkhaften Lächeln getroffen.

Der Duft, die Weichheit und Kräftigkeit zugleich, die in dieſen Liedern weben und ſchweben, ſie walten auch über Heinrich Rüegg's Dichterleben.

Er wurde am 1. Februar 1825 zu Wyla im Tößtal geboren, hatte aber wie Staub das Unglück, seinen Vater früh zu verlieren, doch glücklicher als dieser stand er von seiner Kindheit bis ins Mannesalter in der Hut treuer Mutter- und Schwesterliebe, ja die letztere hat über ihm gewacht bis in seinen Tod. Durch diese von weiblicher Sorge allein geleitete Erziehung kam, unterstützt von seiner eigenen körperlichen Zartheit, selbst ein weiblicher, weicher Zug in das Wesen des hochbegabten Knaben, der schon in der Sekundarschule zu Neumünster ein lebhaftes poetisches Fühlen und einen angebornen Formensinn für die Sprache verriet. Doch neben seinem weichen Naturell wurde in ihm auch ein seltener Wahrheitsmut groß, und wie jene Weichheit diesem Mut jeden Stachel gegen andre nahm, schützte dieser seinen poetisch-idealen Sinn vor jeder Schwäche, so daß sich in dem Charakter Heinrich Rüegg's Kraft und Liebenswürdigkeit in seltener Harmonie vermischten.

Nachdem er in den ersten Vierzigerjahren das Seminar besucht, Lehrer und Sekundarlehrer geworden war, wirkte er eine kurze Zeit an der Sechsklassenschule zu Wytikon und wurde dann Elementarlehrer zu Enge bei Zürich, wo er über zwanzig Jahre in treuer Arbeit an starkbevölkerter Klasse wirkte und den Ruf eines vorzüglichen Methodikers gewann.

Seit dem Tod seiner Mutter lebte Rüegg in einer Dachwohnung des Schulhauses zu Enge das Leben eines Einsiedlers; doch hat er sich nie in jene scheue Weltabgewandtheit verloren, welche den Einsamen noch einsamer werden läßt, sondern bewährte für die süßen Freuden des Naturgenusses, für die Regungen der Freundschaft stets ein offenes Herz, und auch die staatlichen Fragen seiner Heimat gingen ihm immer nahe.

Aus seinem bienenfleißigen Sammelleben für die Schule hat er dieser in drei praktisch pädagogischen Schriften ein

Vermächtnis gestiftet, das noch künftige Generationen als ein wertvolles Erbe in Ehren halten werden, nämlich seine „Saatkörner", eine Anthologie mustergültiger Erzählungsstücke für die sittlich=religiöse Jugendbildung, die durchweht von dem religiösen, idealen Gemüt ihres Verfassers, die Wahrheit belegt, daß die Kinderreligion in der Kinderpoesie ihre stärksten Wurzeln hat. Auch die erst nach seinem Tode erschienenen „Bilder aus der Schweizergeschichte" sind in Gehalt und Form ein vorzügliches Buch und geeignet, die Bande zwischen Jugend und Vaterland eng zu knüpfen, und in seinen „Bildern aus der Naturkunde" lebt die Gabe treuer Beobachtung und eine bemerkenswerte Schönheit der Sprache, obwohl der Tod dem brustwunden Schriftsteller die Feile entwand, die ihnen die letzte Rundung hätte geben sollen. Heinrich Rüegg starb am 21. März 1872 an einem Lungenübel, und mit Recht durfte man bei seinem Tode seine Gedichtstrophe auf ihn selbst beziehen:

„— — Des Dorfes Jugend kniet
Und weint an deinem Grab;
Ein weißer Rosenflor umzieht
Des Kreuzes schwarzen Stab."

Ein anderes fleißiges Mitglied jenes Vereins zürcherischer Lehrer, welcher auf dem Altar der Jugend die Flamme mundartlicher Poesie genährt, war Hans Jakob Boßhardt,*) im Dezember 1823 zu Irgenhausen bei Pfäffikon geboren. Erst war er Lehrer in Hermatsweil, dann von 1845 bis 1861 an der Primarschule Wiesendangen, wo ihn die Gemeinde mit der Schenkung des Bürgerrechts ehrte, von 1861 bis zu seinem Tod am 20. Juli 1885 an den Stadtschulen in Zürich. Durch die Herausgabe einer methodisch

---

*) Quellen: „Limmat" 1885; Festbüchlein 1860—1885.

ausgezeichneten „Anleitung für Denk- und Sprech-
übungen", hat er sich ein Verdienst um die zürcherische
Volksschule erworben, das seinen Tod überdauert.

Wenn seine poetische Ader weder so stark noch so origi-
nell wie diejenige Staub's, Bänninger's oder Rüegg's ge-
schlagen, und er sich in seinen Kinderliedern, deren beste nach
seinem Tod Herr Sekundarlehrer Egli in Hottingen unter
dem Titel: „Was brave Kinder gerne haben", gesammelt hat, mit Vorliebe der Schriftsprache bediente, so
zeichnete er doch in manchen seiner mundartlichen Kindergedichte und namentlich da, wo sein tiefes, warmes Gemüt den
lehrhaften Zug seines Wesens in den Hintergrund drängte,
das Leben des kleinen Völkleins in anmutigen Bildern, so
in den Liedern: „Uf be Berge", „Der Hirtenknabe",
„Die Leckersbuebe" ꝛc., auch in dem folgenden: „Die
kleine Lismerin":

„Inestreche-n-umeschlah, uieziech und abelah,
Gschit, wie gschwind, was häst, was gist,
Jetzt es Mäschli worde-n-ist.
Süllt me derweg d'Nadle-n-us,
Git's denn z'letzt es Strümpfli drus.

Inesteche, umeschlah, uieziech und abelah,
Ei wie git mis Chindli Acht,
Wie me so-n-es Mäschli macht.
's hät's ernickt, 's gaht scho e chli,
's Chindli git e Lismeri."

Auch Rudolf Kilchsperger von Zürich, geb 1826,
gestorben 1873 als Lehrer seiner Vaterstadt, hat zu den
„Festbüchlein", welche so recht zu einem Schatzbüchlein unserer Kinderliteratur geworden sind, einige hübsche Mundart-
stücke beigetragen, obwohl den meisten seiner Gedichte der
süße Duft eigentlicher Kinderpoesie mangelt und er auch
seinen drei Bändchen: „Versuche im Reimschmieden",

welche meistens mundartliche Gelegenheitsgedichte und Sechse=
läutenpoesie enthalten, keine höhere dichterische Weihe geben
konnte.

Eines seiner ansprechendsten Kindergedichte außer dem
„Richterspruch", der die alte Wahrheit: Wenn zweie
zanken, freut sich der Dritte, an dem Streit zweier Katzen
belegt, ist „De Hansli Gernegroß":

„J kenne·n·es Buebli, gar winzig chli
Und hät doch scho welle·n·en Große si..
Da nimmt·s e Mal '·s Vaters Stecke und suet
Und meint: „Ei, wie staht mir das Ding so guet."

Doch d'Lüt händ g'lachet: „Du arme Tropf,
Din Suet ist ja größer als de Chopf!"
Wo wott echt de Suet mit dem Buebli hi?
Das soll mer e luftigs Marschiere si!

Min Hansli hätt das i d'Nase g'stoche,
Er ist verschämt in en Winkel kroche
Und denkt: „Nu en chline Stock und Suet
Paßt für es Bürschli, wie·n·ich bin, guet!"

Staub, Bänninger, Rüegg, Boßhard, Kilchsperger sind
tot; die Kinderbücher und die mundartliche Kinderpoesie aber
leben und üben ihren Zauber nach wie vor.

Schon in den Siebziger Jahren war in den „Festbüch=
lein" ein junger Dichter volkssprachlicher Kinderlieder heimisch
geworden, der, bald anklingend an die Saiten Staub's,
Bänninger's und Rüegg's, bald ein durchaus originelles Feld
bestellend, schon mit den ersten seiner Hervorbringungen die
herzliche Sympathie des kleinen Volkes gewann und seit dem
Tode Bänningers Redaktor der „Festbüchlein" geworden ist,
— Eduard Schönenberger.

Der fruchtbare Grund seiner Poesie ist eine eigene,
überaus glückliche Jugend auf dem Lande. In Wetzweil,
einem zu Herrliberg gehörenden Bauerndörfchen auf der Höhe

der Zürichbergkette, wo der Zürichsee, dazu ein weites, grünes Gefilde bis unter die Felsschroffen des Hochgebirgs dem Bewohner an jedem schönen Tag vor Augen stehen, wurde Eduard Schönenberger als das älteste von den neun Kindern eines aus Fischenthal stammenden Landmanns geboren. Im innigen Zusammenleben mit der Natur, Stein und Blume, Busch und Quelle zu Spielgefährten, wuchs er auf dem großen väterlichen Bauernhofe empor und ein trauter Familienkreis, dem ein humorvoller Vater, eine zärtliche Mutter vorstand, hatte so enge Bande um das Herz des Knaben gezogen, daß es diesen nie auch nur zwei Tage vom Elternhause fern litt und er noch als Seminarzögling vor Heimweh fast zerfloß.

Unter seinem Onkel, einem patriarchalischen Vorscherrianer, trat Eduard Schönenberger schon mit fünf Jahren in die Volksschule seines Dörfchens ein, besuchte dann mit elf Jahren, lange als einziger Schüler des Bergörtchens auf stundenlangem Weg über Wiesen und Sümpfe, durch Wälder und Reben, auf dem seine Phantasie viele Anregung fand, die Sekundarschule Meilen.

Nachdem er dann während eines Jahres bei der Schriftstellerin Frau Eliza Wille in Mariafeld-Meilen die Stelle eines Sekretärs versehen, erkämpfte er sich unter Tränen den Sieg der Pädagogik über die Theologie, zu welcher ihn seine Lehrer hinführen wollten.

Nach seinen Seminarstudien 1858—1861, während welcher er, von Prof. Otto Sutermeister angeregt, eine innige Liebe zur Muttersprache faßte und mit den besten Köpfen seiner regsamen Klasse lebenslange Freundschaft schloß, kam er im Herbst 1861 als Lehrer nach Horgen, wo er in Bänninger und andern treue Collegen fand. Trotzdem ihn im Jahr 1869 einige Hundert Bürger von Horgen durch eine Sympathieadresse zum Bleiben einluden, nahm Schönenberger eine Berufung nach Unterstraß an und lebt seither als Lehrer daselbst in glücklicher Harmonie mit Eltern und Kindern. Neben seiner emsigen Tätigkeit in der Schulstube wirkte Schönenberger als Redaktor des „Pädagogischen Beobachter", den er von 1875—1882 gemeinsam mit Schneebeli und Utzinger herausgab, als Vorstandsmitglied verschiedener Schulbehörden und zuletzt auch als Präsident der zürcherischen Schulsynode in hervorragender Weise für das von ihm als Lebensberuf auserwählte Feld der Erziehung und der Schule, für welch letztere er gemeinsam mit B. Fritschi ein „Lehr- und Lesebuch für die deutsche Sprache" herausgegeben hat, das 1888 in vierter Auflage erschien.

In einem reichen Sänger- und Dichterleben hat Schönenberger den Jungbrunnen des Gemüts gefunden, die schönsten seiner Lieder aber hat er der Jugend, der Kinderwelt geweiht.

Manche kleinere Gedichte Schönenbergers, die im Sinn und Geist eines Staub's, Bänninger's, Rüegg's gehalten sind, mögen ihren Stoff aus dem lebendigen Umgang des Verfassers mit dem kleinen Volk, das er so fröhlich schildert, gezogen haben, in den meisten aber, und besonders in denjenigen, welche die dichterische Eigenart Schönenbergers kennzeichnen, klingen und tönen die Wiederhalllaute seiner eigenen glücklichen Knabenzeit. Weil er als innig frommer Knabe in der alten, aus dem neunten Jahrhundert stammenden Kapelle zu Wetzweil, seine Kindergebete vor sich her sprechend, die Stränge der Glöcklein viele hundert Mal gezogen, weiß er uns so trefflich zu deuten, „Was die Glocken sagen".

„Am früehne Tag, i stiller Dämmerstund
E reini Silberstimm vom Türmli chund,
Und was sie seit, du chunnst scho selber druf,
Es ist en churze Ruef: „Stand uf, stand uf!"

Am Elfi z'Imbig und zur Vesperzit
E tüferi Glogg en artigs Grüeßli büt.
De flißige Lüte gilt's i Schür und Hus —
Es tuet sie mahnen All: „Rueb us, rueb us!"

1. Und sinkt de Tag, sind au mi Chinde müed,
Ertönt vom Turm e liebli's Abiglied.
's ist liecht z'verstah, was das eus sage soll,
Und gar e schöni Wis: „Schlaf wohl, schlaf wohl!"

— — — — — — — — — —

So ziehen die Jugenderinnerungen Schönenbergers mit klingendem Spiel durch seine Gedichte; das Leben des großen Bauernhauses und des kleinen Dorfes zu seiner Knabenzeit ist die Rüstkammer, woraus er seine dankbaren Stoffe holt. Wie ihn selbst im elterlichen Hause einst der „Samichlaus" mit einem Stechpalmbaum voll Früchte und Backwerk beglückte, wie er selbst als froher Knabe durch die lichterfüllte, lärmende „Chrungelinacht" mitgezogen, wie im elterlichen Familienkreis die „Metzgete" Anfangs Winter ein von allen Hausgenossen fröhlich begrüßtes Festmal war, wie er Vater und Mutter bei der „Neujahrbachete" belauschte und ihnen mithalf, wie seine Mutter ihm selbst heimlich die „Ostereier" mit Zwiebelhäuten und dem ersten Grün gefärbt, so schildert er es treu und doch mit der verklärenden Sprache des Poeten. Darin, daß Schönenberger den Anteil der Jugend an unsern Volksbräuchen dichterisch darstellt, die Genrebildchen eines Staubs, Bänningers, Rüeggs, welche sich meist mit der Zeichnung eines einzelnen Zuges aus dem Kinderleben begnügten, zu Idyllen ausweitet, in deren Hintergrund das Volksleben steht, und daß er dies Alles tun kann, ohne über den Rahmen des kindlichen Fassungsvermögens selbst hinauszuschreiten, liegt die Stärke und Eigenart seiner Poesie. Manche dieser Gedichte sind fein ausgeführte Culturbilder aus einer zwar noch nicht gar weit zurückliegenden, auch unsern Kindern noch leicht verständlichen Zeit, wo das Volksleben noch einen poetischen Gehalt besaß, der jetzt in einzelnen Gegenden ganz erloschen, in andern wenigstens im Erlöschen begriffen ist.

Leider verbieten Rücksichten auf den Raum dieses Essays die Aufnahme eines dieser größern kulturhistorischen Gedichte Schönenbergers oder seiner historischen Bilder: „'s Isfeld 1880" und „D' Landesusstellig 1883", in denen er in seiner gemütlichen Art die Erinnerung an zwei Ereignisse festgehalten hat, welche die Phantasie der Jugend mächtig erregten. Hingegen sei hier noch als eine Probe seiner kleinern Gedichte das köstlich naive Gespräch: „De Herr Dokter" aufgenommen:

Herr Dokter: Gott grüezi, Frau, i möcht nu gschwind
Cho luege, wie's stönd um euers Chind.

Frau Grite: Ach min Gott! 'S ist e großi Straf,
Es findt halt eister na kei Schlaf.
Und lueged nu, wie 's wieder schwitzt!
Das Bulver häd ken Chabis gnützt.

Herr Dokter: Frau Grite, tüend doch nüd verzage,
'S chann grüsß nüd guete-n-i zwe Tage.
Se Chindli gib mer da der Arm.
(greift den Puls)
Herr Jeger, wie ist de so warm!
Es sind na ziemli Sieber da —
Me därf 's nid lenger so la gah.
Wie staht 's au mit dem Appitit?

Frau Grite: Mit jedem isches nanig wit.
Sie möcht kei Suppe, möcht kei Gmües,
Kei Öpfeli, weder sur na süeß.
Es Spanischbrötli allipot
Ist 's einzig, was si esse wott.

Herr Dokter: Jä, Spanischbrot. — Ergüsi da!
Das chönnt em Chindli gschade ha.

(Er beißt ein Törtchen an).
I han I doch scho mängsmal gsait,
Daß das sin Mage nid vertrait,
Wil's gar viel süeße-n-Anke heig
Da inne-n-im Pasteteteig.
Ja, ja, i glaub es wol, potz Hund!
Da wird min Patient nüd gsund.
(Er ißt munter fort).

Frau Grite: Herr Dokter mit em große Huet
Mir schint's, die Chröli seigid guet.
Jez händ er scho zwei Stuck probiert.
— Mich wundret's, daß 's Eu nüd schiniert.

Herr Dokter: En Dokter mues au g'esse ha.
Jez aber will i wieder gah.
Ihr fahred furt mit dere Kur:
Da ist em Chindli si Mixtur.
'S brucht alli Stund en Löffel voll —
Adie, Frau Grite, lebed wol.

Mit Freuden würde es die zürcherische Jugend begrüßen, wenn sich der Dichter entschließen könnte, ihr, ähnlich wie Staub und Bänninger, seine, in einem Dutzend von Jahrgängen der Festheftchen zerstreuten, Gedichte in einem Bändchen gesammelt darzubieten.

Während sich alle vorgenannten mundartlichen Dichter der Jugendliteratur, mit Ausnahme Staubs, um ein und dasselbe Unternehmen, um die Festheftchen, sammelten, welche jährlich in drei, nach den Altersstufen inhaltlich verschiedenen Nummern erscheinen, schlugen andere zum Teil mit gutem Erfolge eigene Wege ein.

So Hs. Kaspar Kreis, geboren 1821 zu Altikon bei Winterthur, noch gegenwärtig als rüstiger Scherrianer zu Oberstraß als Lehrer wirkend, das ihn 1844 an die dortige Schule berief, ein von Haus aus mit lebhaftem Gemüt und poetischer Natur begabter Mann.

Von ihm erschienen in den Sechziger Jahren fünf Heftchen „Bild und Wort, Schul- und Familienbüchlein für die Stufe des Anschauungsunterrichts", welche rasch die dritte Auflage erlebten, und 1881 „Kindergrüße, illustrirtes Lehr-, Lern- und Unterhaltungsbüchlein, enthaltend Heimatbildchen, Geschichtchen und Reime". In jenen erstern ist die gemütvolle mundartlich-poetische Erzählung: „'s Mareieli us em Isethal', in den letztern eine größere Auswahl anmutiger Kinderlieder voll fröhlichen Kindersinnes enthalten. Eines der lieblichsten dieser Gedichte, von denen manche sich dem ächten, mütterlichen Koselieb nähern, manche auch in einem frischen, keineswegs aufbringlichen Ton die vielfachen Beziehungen zwischen dem Kind und der Schule behandeln, ist „Guguus":

> „Das Chindli ist im Bett erwacht,
> Het gschlafe drin di ganz heel Nacht;
> Es streckt sis Chöpfli oben us
> Und rüeft der Muetter zue: Guguus!
>
> Die Muetter g'hört's natürli g'schwind
> Und lauft zu ihrem Guguuschind;
> Sie druckt em denn zum Morgegrueß
> Uf's Bäggli rot en warme Chuß.
>
> Das Chindli mag no nüd ufstah,
> 's fangt lieber namal Guguus a.
> Das Müetti lat si mit em i,
> Wott au e mal de Guguus si.
>
> Si dcckt si zue mit sebem Tuech
> Und rüeft: Guguus, Guguus, chum juech!
> Das Chindli chrücht zum Guguus hi
> Und rüeft: Guguus, da han i di!
>
> Es hät em Guguus Aehli geh,
> Sie hät's natürli gern la g'scheh.
> Und so händ Chli- und Großguguus
> Viel Guguus g'macht Jahr i und us.

Wie glückli ist au jedes Chind,
Wo so es Guguusmüetti findt,
Und mänge Grosse denkt derbi:
O chönnti wieder Guguus si!

„Es Bluemeſträußli für di ſchwizerbütſch Ju=
geb" wand Rudolf Kunz, geboren 9. Januar 1849 zu
Regensberg, gegenwärtig Pfarrer in Ottenbach, der 1882 als
Frucht eines achtjährigen Aufenthaltes in den Vereinigten
Staaten auch ein hübsch geschriebenes Buch: „Bilder aus
Amerika" herausgegeben hat. Das Dutzend Kinderlieder,
welche zu dem genannten Sträußchen zusammengebunden
sind, atmen eine kindliche Frische und warmes Empfinden,
das nur hin und wieder durch einen etwas lehrhaften Ton
gedämpft wird. Besonders ansprechend ist das Gedicht: „Mis
Müetterli", von dem folgende Strophen hier aufgenom=
men sein mögen:

Im grosse schöne Wörterchranz,
Wo d' Menschesprach drin liit,
Da steckt es Blüemli, desse Glanz
S' Herz freut, wo 's Menſche git,
Das Blüemli „Müetterli".

Die lieb Seel hät mi mängi Stund
Uf ihre Hände träit
Und 's Schönſt und 's Beſcht us ihrem Mund
Mir tüüf is Herz ie gläid.
Das cha nu 's Müetterli.

Wenn's Chindli's Aug in Chräne stahd
Und d' Muetter lueget dri,
So ist 's, wie wenn dur d' Wulche gahd
Vom Himmel Sunneschi.
O Blick, vom Müetterli.

O, freu di Chind, so lang du na
Di Muetter um di hescht;

De magſcht, ſo wit na chunnſt, higab,
So iſcht und bliibt halt s' Beſcht
Dis guet, lieb Müetterli.

Auch **Konrad Gachnang**, der, geboren 1843 zu Zürich, ſeit 1877 Lehrer daſelbſt, die von Orell Füßli & Cie. herausgegebene Sammlung: „Freundliche Stimmen an Kinderherzen" bis in die Gegenwart hinein redigirte und dafür viele treffliche ſchriftdeutſche Lieder dichtete, hat den Jubelton des mundartlichen Kinderliedes zuweilen prächtig angeſchlagen, und die Naturklänge ſeines „Frühlingsgrußes" gehören zu den ſchönſten, welche die mundartliche Dichtung gefunden hat.

„Juhe, de Srüehlig chunnd jetz bald,
De Winter mueß ſi ſtriche,
D' Schneeglöggli blüehnd eſang im Wald,
Denn chömmed i de Wieſe
Vihöndli und Vergißmeinnicht
Und ßändſcheli und Glöggli.
D' Sunn ſchint ene ſo warm is Gſicht
Und luſtig tanzed d' Müggli.
Zwar git 's wol hi und da na Schnee
Doch blibt de Srüehlig Meiſter.
Es gfallt em Winter nümme meh;
Juhe, juhe, jetzt reist er."

So treibt und blüht die mundartliche Dichtung fort und fort und ſpricht mit der ſüßen Sprache und dem Geiſt der Heimat zur Seele des Kindes und ſtreut hundert gute Samen in denſelben ein.

Ihre Dichter erzählen zwar keine phantaſtiſchen Indianergeſchichten, wo ſcalpirte Bleichgeſichter ſchmerzverzerrt im Mondſchein der Prairie liegen; ſie führen die Jugend nicht hinauf zu Königsſchlöſſern und Wunderprinzeſſinnen, um ihr dort zu zeigen, daß blaues Blut ein noch viel beſonderer Stoff als rotes ſei; ſie laſſen das Kind nicht durch ein frommes

Teleskop in einen Weihrauchnebel schauen, wo die Engel posaunen und überirdische Gestalten traumhaft wandeln, daß es seinen Jugendfrohmut an eine krankhafte Sehnsucht nach dem Jenseits hingibt; aber sie weisen das Auge und das Herz unserer Knaben- und Mädchen auf das Vaterhaus und das Vaterland, auf das Treuherzige, Rechtschaffene und Vorbildliche im Leben ihrer Gespielen, ihrer Eltern und Volksgenossen, sie führen sie hin zu den unverschütteten Quellen der Ehrbarkeit und Tüchtigkeit im alemannischen Volksleben, hin zu Bach und Berg, daß ihnen der Boden teuer wird, auf dem sie emporwachsen, und wecken die Keime jener Religiosität, welche sich in der Liebe zu den Mitmenschen und in der Barmherzigkeit für die Tierwelt offenbart.

Ueberkluge Leute, welche vergessen haben, wie sie selbst als Kinder fühlten und wo ihre beste Weisheit wurzelt, haben schon gefordert, daß man die mundartliche Kinderliteratur zu Gunsten der schriftsprachlichen unterdrücke, ja sie würden am liebsten die Mundart selbst auf die Aussterbeliste setzen.

Gewiß ist die Schriftsprache ein längerer Spieß im Kampf ums Dasein, als die an ihre enge Heimat gebundene Mundart, und die Schule muß und soll sich in den Dienst der bildsamen, allgemein deutschen Sprache stellen, damit unsere Jugend ausgerüstet werde mit diesem vornehmsten aller Verkehrsmittel, in dem so viele erleuchtete Geister zur Menschheit gesprochen haben und das Weistum eines sechzig Millionen Seelen zählenden Menschenstammes aufgespeichert liegt.

Allein wie die Schriftsprache das Bindemittel ist, das uns mit der deutschen Welt in Nord und Ost zusammenhält, so ist unsere Schweizermundart ein Schirm und Hort unserer nationalen und culturellen Eigenart, den wir nicht ablegen können, ohne uns des Starken und Markigen, der bodenwüchsigen Lebensfülle und des originellen Zuschnitts unseres Volkscharakters zu entwöhnen.

Freuen wir uns Schweizer also, daß wir zwar eine reiche, herrliche Schriftsprache mit einer vornehmen Literatur gemeinsam mit den andern deutschen Stämmen besitzen, aber in der Mundart auch ein Eigengewächs, das wie eine Hecke wilder Rosen unser Volkstum schützend umrankt.

Wer in seinen Jugendtagen diese Sprache spricht, der nimmt unwillkürlich den Hauch der schweizerischen Volksseele in sich auf, und sein Tun und Handeln bleibt lebenslang durchwirkt mit Schweizersinn, welcher der Sinn der Freiheit ist.

Nie wird die Mundart, in welcher der erste Volksstaat der Welt gegründet worden ist, eine andere als eine republikanische Sprache sein können und um dieser nationalen Bedeutung unserer Schweizerdialekte willen, lassen wir unsere Jugend und unser Volk trinken am Born unserer schweizerisch mundartlichen Literatur. „Der Dialekt", sagt Göthe schön und wahr, „ist das Element, in dem die Seele ihren Atem schöpft."

Inhaltsverzeichniß.

	Seite
Mundart und Poesie	1
Martin Usteri	13
Jakob Stutz	32
August Corrodi	51
Die dichtenden Zeitgenossen von Stutz, Corrodi und die neuere mundartliche Dichtung	72
Die mundartliche Kinderliteratur	98

Von J. C. Beer sind ferner erschienen:

Im Verlag von Schröter & Meyer:

Der Bachtel.

Ein Wanderziel und Aussichtspunkt.

Zweite Auflage.

1886.

Inhalt: Gedicht. Der Bachtel. Zufahrtslinien. Aufstiege. Das Vorland und seine Rahmen. Der Alpenkranz. Das Fremdenbuch. Ein Pfingstmontag auf dem Bachtel.

70 Seiten 8°. 80 Cts.

Im Verlag von Jb. Huber, Frauenfeld:

Ferien an der Adria.

Bilder aus Süd-Oesterreich.

1888.

Inhalt: Im Friaul. Oesterreichisch Nizza. Aquileja. Die Lagunen von Grado. Im Frühling von Miramare. In Triest. Die Küste von Istrien. Im Kriegshafen von Oesterreich-Ungarn. Die Grotte von Adelsberg.

10 Bogen. Brochirt Fr. 3, gebunden Fr. 4.